千春と大吾の保育実習ストーリー

岩﨑 淳子 & 内田 由紀

萌文書林
Houbunshorin

はじめに

　「子どものころに保育園で出会った保育士に憧れて」、「小さい子どもが大好きなので」、「高校での職業体験で保育所に行って保育士になりたいと思った」など、保育者養成校ではそれぞれの夢を抱いている未来の保育士達が日々勉強に励んでいます。高校生までは憧れていただけですが、いざ養成校に入学すると、様々な保育の理論や技術、保育者としてのマナーや教養など、保育の専門職（プロ）になるための厳しい学習を積み重ねていくことになります。その中には、保育士になるためには必ず通らなければならない、保育所実習があります。実習とは、養成校で学んだ理論や技術をもって、実際の現場で学ぶことです。実際に子どもの生命を預かる保育の現場で、学生という立場でありながら保育に携わらせていただく体験は非常に大きな意味のある学習となります。養成校で習った理論や技術を、実際の保育所で試し、試したことを振り返り、評価を行い、改善していくという保育実習の過程により学生は成長し、専門職（プロ）の保育士に近づいて行くのです。だから実習に行くまでには多くの専門的な学びが必要になります。しかし、養成校でどんなに学んでいても実習中は不安や迷いが出てくることでしょう。それは学校とは異なる社会責任が問われる場で初めてのことを体験するため当然です。

　本書はそんな保育学生の気持ちに添えるよう一つずつ学びを確認し、マンガを通して擬似体験しながら不安や迷いが解消できるよう構成されているのが特徴です。千春や大吾、のんちゃんたち保育学生が、その実習を支えてくださる保育園の園長先生や保育士、養成校の教員の厳しくて温かい指導を受けながら少しずつ成長していく姿に、読者のみなさん自身を投影していただけるとよいでしょう。

2015年11月

岩﨑淳子

千春と大吾の保育実習ストーリー

もくじ

はじめに……………………………………………………………………… I
もくじ………………………………………………………………………… II〜III
人物・保育園紹介…………………………………………………………… IV

Chapter. 1　はじめての実習（I期実習）に向けての準備… 1
§1　保育所を知る（保育所の基礎理解）………………………… 2〜3
§2　保育所実習について（実習の意義目的）…………………… 4〜5
§3　実習園の配属発表 ……………………………………………… 6〜9
§4　実習生調査書を作成する ……………………………………… 10〜15
§5　実習日誌の書き方を学ぶ ……………………………………… 16〜21
§6　実習園のオリエンテーションを受ける ……………………… 22〜29
§7　実習前日までに確認すること ………………………………… 30〜33

Chapter. 2　はじめての実習（I期実習）…………………… 35
§1　実習初日 ………………………………………………………… 36〜41
§2　はじめて子どもの前に立つ …………………………………… 42〜47
§3　実習生としての姿勢 …………………………………………… 48〜51
§4　1日の反省会 …………………………………………………… 52〜57
§5　子どもの発達と遊び …………………………………………… 58〜77
　　　　（0〜5歳児のクラスに入ってみて／調理室に入ってみて）
§6　実習巡回指導（養成校の教員の指導を受ける）…………… 78〜81
§7　健康管理 ………………………………………………………… 82〜85
§8　部分実習を計画実施する（部分指導案の作成）…………… 86〜93
実習を終えて………………………………………………………………… 94〜97

Chapter. 3　はじめての実習（Ⅰ期実習）と2回目の実習（Ⅱ期実習）の間に ………… 99

- §1　日誌の受け取りとお礼状 ………………………………… 100 〜 101
- §2　実習の自己評価をし、実習園からの評価を知る ………… 102 〜 105
- Ⅰ期実習後のグループミーティングで（実習の共有化）………… 106 〜 107
- §3　責任実習の指導案の作成方法を知る …………………… 108 〜 109
- §4　Ⅱ期実習までの流れ ……………………………………… 110 〜 115

Chapter. 4　2回目の実習（Ⅱ期実習） ……………………………… 117

- 久しぶりの子どもとの出会いと発達の確認 ……………………… 118 〜 123
- §1　保育準備の大切さを知る ………………………………… 124 〜 127
- §2　保護者対応を知る ………………………………………… 128 〜 131
- §3　長時間保育の経験をする（早番保育・遅番保育を行う）…… 132 〜 137
- §4　責任実習の相談・作成・指導 …………………………… 138 〜 141
- 責任実習当日 ……………………………………………………… 142 〜 145
- §5　千春の考えた責任実習の素案と指導案 ………………… 146 〜 149
- §6　責任実習の反省会（自己反省をする・担任や主任保育士から評価をいただく）150 〜 153
- §7　お別れ会（作っておいたプレゼントを子どもに渡す）…… 154 〜 157

Chapter. 5　実習を終えて ……………………………………………… 159

- 学園生活に戻って（Ⅱ期実習の反省）……………………………… 160 〜 163
- エピローグ（学習のまとめを発表する）…………………………… 164 〜 165
- §1　実習の学びとまとめ ……………………………………… 166 〜 167

◎付録　保育実技のアイデア（0〜5歳児） ………………………… 169

- 0歳児 …………… 170
- 1歳児 …………… 171
- 2歳児 …………… 172
- 3歳児 …………… 173
- 4歳児 …… 174 〜 175
- 5歳児 …… 176 〜 177

人物・保育園紹介

神田千春
（かんだ　ちはる）

あおぞら学園短期大学
保育科の学生

　子どもの頃から憧れていた保育士になるため、短大の保育科に入学してきました。明るく前向きな半面、人見知りで心配性なところがあります。絵本の読み聞かせと手芸が得意な女の子です。

渡部大吾
（わたなべ　だいご）

千春と同じ短大の
保育科の学生

　高校時代の職業体験で保育所に訪れたことがきっかけで保育士を目指しています。単純で思い込みが激しいところはありますが心優しい男の子です。保育では特技のサッカーとピアノを活かしたいと思っています。

のんちゃん

千春の短大の友人

　資格免許をもったキャリアウーマンを目指して短大に入学。真面目だが少々派手で、岩鬼先生に目をつけられています。

岩鬼先生（いわき）

千春の短大の先生

　保育者の経験をもち、実習指導を担当。学生思いで面倒見は良いが常に厳しく、学生からは「キューティ鬼」と陰で呼ばれています。

ケヤキの木保育園と先生たち

ケヤキの木保育園の
園長先生
欅　洋子（けやき）

主任の
大場先生（おおば）

2年目の男性保育士
花形先生（はながた）

15年目のベテラン
森先生（もり）

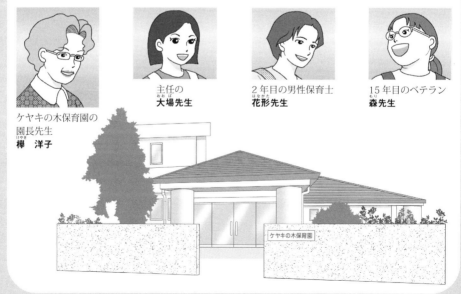

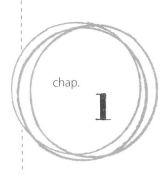

chap. 1

はじめての実習（Ⅰ期実習）に向けての準備

保育所を知る（保育所の基礎理解）

　みなさんがこれから実習に行く保育所について、どのような特性や役割をもつ施設であるのか知っておくことはとても大事です。保育所は就学前の子どもの保育の場とは理解していると思いますが、どのような子どもが来ているのか、何を基に保育を考え展開しているのかなど保育所の機能や規定について詳しく説明していきます。基礎的な理解を深めて実習に備えましょう。

保育所とはどのようなところでしょう。

　子どもの保育の場には、幼稚園と保育所（その両方の良さをもつ認定こども園も増えつつあります）等があることは知っているでしょう。就学前の子どもの保育の場ということではそれぞれは似ていますが、法的には全く異なる規定があります。幼稚園は文部科学省管轄の学校の一つであり、保育所は厚生労働省管轄の児童福祉施設となります。保育所は、1947年制定の児童福祉法の下、子どもの最善の利益を重視し、現代の子育て家庭福祉支援の中心となっている施設です。右の【**保育所について**】の表で確認しましょう。

低年齢児の保育は保育所の特性です。

　幼稚園は満3歳児から就学前の幼児が対象ですが、保育所はおおよそ生後57日から就学前までが対象です。3歳未満児の乳幼児の保育を行っていることは保育所の特性です。低年齢児の保育は、3歳児以降の幼児の保育とは異なると考え、保育所保育指針の中でも、3歳未満児についての配慮事項は別に示されています。大事な命を預かるという意識をもち、子どもの身体、機嫌、食事、睡眠、排泄、衛生など、一人ひとりの状況に応じた保育が必須となります。子どもが安定して生活できるような人的、物的な環境を整え、成長発達に即した保育を行っていかなければなりません。

はじめての実習（Ⅰ期実習）に向けての準備　Chap.1

【保育所について】

施設名	保育所（国、都道府県、市区町村、社会福祉法人、公益〔社団・財団〕法人、学校法人、NPO法人、企業等が運営母体）
管轄行政庁	厚生労働省
根拠法律	児童福祉法第39条に「保育所は、保育を必要とする乳児・幼児を日々保護者の下から通わせて保育を行うことを目的とする施設（利用定員が二十人以上であるものに限り、幼保連携型認定こども園を除く。）とする。」ということが規定されています。
保育内容等	児童福祉施設の設備及び運営に関する基準、保育所保育指針
対象児	就学前の保育を必要とする乳幼児
入所方法と保育料	おもに保護者が保育所のある市区町村に申し込み、保育を必要とする認定を受け、それぞれの規定に従って入所契約をします。保育料は世帯の前年度の所得の課税率によって決定されます。
子どもに対する保育士数	0歳児3名　1～2歳児6名　3歳児20名　4～5歳児30名　それぞれに対し保育士1名以上が保育を担当します。
保育時間及び子育て支援等	原則として8時間程度。開所時間は保育所の実情に応じており、長時間保育、休日保育、病児・病後児保育などが実施されています。地域の子育て家庭に対する子育て相談、一時保育、体験保育などのさまざまな保育事業が展開されています。

養護と教育の一体化について知っておきましょう。

　保育所保育指針の第1章総則の中に保育所の役割として、養護と教育を一体的に行うと書かれています。養護とは子どもの生命の保持と情緒の安定であり、教育とは健康、人間関係、環境、言葉、表現の5領域を指します。保育所では保育士が、子ども一人ひとりの生命を守り、情緒の安定を図りながら、遊びや生活を通して成長発達にふさわしいさまざまな経験を積み重ねていくことが大事です。朝の挨拶一つをとっても、「今日も元気かな。機嫌はどうかな」という養護的な視点と「きちんとご挨拶ができるかな」という教育的な視点をもつということです。

保育所実習について（実習の意義目的）

　保育者養成校において保育士資格を取得する場合、必ず保育所（一部の認定こども園）において実習を行います。実習はただ子どもと遊ぶだけではなく、国家資格である保育士としてのさまざまな役割を学ぶために行うのです。保育という仕事は、知識があればよいという分野ではありません。養成校で学んだ知識や技術を基(もと)に保育現場で実習し、学びと実践をつないでいくことが大事です（実習の種類や時間数については、p.5で説明します）。

※本書において保育所名は「保育園」を使用し、法令上の事実を示すときは「保育所」を使用します。

保育所実習の意義と目的を理解しましょう。

　保育所実習の意義は、養成校で学んだ知識や技術を応用し保育現場で実践することで自分の学びの確認をすることと、実習という体験を通して総合的に保育所を理解し、保育を実践する力を身につけることです。

具体的な実習の目的

①「保育所保育の特性（養護と教育の一体化）」とはどういうことかを知る。
②保育所の１日の生活の流れを知る。
③さまざまな子どもとかかわり、子ども理解を深める。
④保育士の仕事を見たり体験したりすることで保育士の役割を知る。
⑤指導計画の必要性や、その作成について理解する。
⑥保護者支援や地域における子育て支援の場としての保育所の役割を知る。
⑦社会人としてのマナーや組織の一員であることを学ぶ。

保育所保育士に求められるものとは何でしょう。

　保育所は児童福祉施設であり、保育士は福祉職に位置づけられます。保育

所保育の内容にかかわることは保育所保育指針に規定されており、保育士は環境を通して養護と教育を一体的に考え、子どもの保育を総合的に実施し、福祉を増進させていかなければなりません。また、保護者や地域の子育てに対する支援を中核的に進める役割も担っています。子どもの最善の利益を一番に考えながら、専門的知識、技術、判断をもって、子どもの保育や保護者への保育にかかわる指導を行っていくことが必要です。そのために保育士自身が子どもの発達を理解し、子どもの遊びや興味の方向性を見極め、子どもと信頼関係を深めていく努力と、常に学ぶ姿勢をもつことが求められます。

実習の種類を知っておきましょう。

実習には4つの段階があります。それぞれの実習段階で学ぶべき内容が異なります。どの実習段階で何を学ぶのかを理解し、有意義な実習になるようにしましょう。

I期実習 90時間	①見学・観察実習	実習前のオリエンテーションから見学は始まります。実習が始まったら、保育所の様子をしっかり観察することを中心に行います。一人ひとりの子どもの発達段階や生活環境の違いに気づき、援助や言葉かけを通し、子どもと保育士のかかわり方を見て学びましょう。
I期実習 90時間	②参加実習	ケンカが始まったら止めに入るのか見守るのかなど、保育士が子どもにどのように接しているのか、さまざまな場面の観察を活かし、実際に保育に参加していきます。自分の思い描いていた子どもへのかかわり方と実際に子どもにかかわってみることでは違いも出てきます。イメージと実際の違いを学びましょう。
Ⅱ期実習 90時間	③部分実習	保育士の助手となって保育に参加する中で、保育の一部分を担って保育指導を行います。一人ひとりの発達やクラスの状況を把握し、それに基づいた保育内容を組み立て、指導案を作成します。その場に応じた声かけ、時間配分など自分で判断して進めることで保育の実際を学ぶことができるでしょう。
	④責任実習	部分実習の体験を積んだ後、半日、1日を通した保育指導を保育士に代わって行います。養成校で学んだこと、実習で経験してきたことを活かし、担任保育士と相談しながら指導案を作成し、準備を整えて臨みます。半日、1日といった長い時間の保育を担当することで、保育の難しさと同時に楽しさを学べるでしょう。

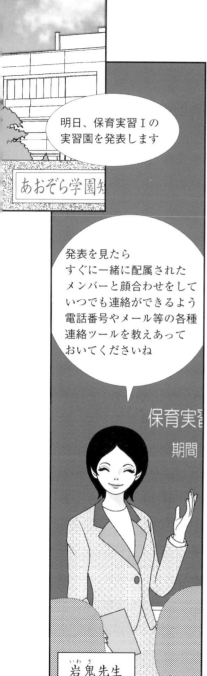

実習園の配属発表

　実習を行う時期は養成校によってさまざまですが、2年間で資格を取得する短大や専門学校では、1年次の終わり頃、または2年次の6月頃に保育所実習に出ることが多いようです。2月の実習の場合、1年次の後期に入ると配属先（実習園）の発表があり、実習に向けて準備を整えていきます。

　養成校が契約した実習協力園の中から配属される、実習協力園の中から学生が選択する、自分で実習園を探す自己開拓など、配属のされ方も養成校によって異なりますが、いずれにしても実習へ向けての手順はほぼ同じです。

実習の種類と時間数はどのように定められているのでしょう。

　保育士資格を取得するためには、保育実習Ⅰとして保育所（2単位）と保育所以外の児童福祉施設等（2単位）での実習それぞれ90時間以上が義務付けられています。その上で、保育実習Ⅱとして保育所（2単位）、または保育実習Ⅲとして保育所以外の児童福祉施設等（2単位）のどちらかを選択し、90時間以上の実習を行わなければなりません。

実習園（配属園）が発表になったら、何をすればよいでしょうか。

- 実習園名、所在地（住所）、交通、連絡先（TEL/FAX/メール）、実習日程、指導教員など掲示された内容を確認し、メモを取っておきましょう。
- 同じ実習園に配属になったメンバーを確認し、いつでも連絡が取れるように互いの連絡先を交換しておきましょう。
- 学内の実習指導室で資料を閲覧したり、インターネット検索で配属された実習園のことを調べたりして、自分なりに実習園を理解しておきましょう。その際、保育方針や特徴、行っている保育の方法（一斉保育、自由保育、異年齢保育など）を調べておくとよいでしょう。

実習園が決まるとついうれしくなりますが、してはいけないことを覚えておきましょう。

①早まって実習園に電話をしないようにしましょう。

　オリエンテーションなど実習の手順については、養成校から指示を受けて実習園に伺う内容をきちんと確認してからです。慌てずに養成校からの指示を受けて進めましょう。

②連絡をする前に、実習園を訪ねるのは控えましょう。

　突然来られても園側にとっては対応に困り、迷惑になります。また、外から園児に話しかけたり、写真を撮ったりすることも控えましょう。不審者に間違えられることもあります。早く実習園を見てみたい気持ちはわかりますが、近くまで行って場所を確認する程度にしましょう。

認可保育所（園）と認可外保育所（園）の違いを押さえておきましょう。

　認可保育所（園）は厚生労働省が定めた基準（児童福祉施設の設備及び運営に関する基準）を満たし、都道府県知事からの設置認可を受けた保育所のことを言います。公立園と私立園（社会福祉法人、公益法人、学校法人、NPO、個人、企業などが経営）があります。実習園はこれら認可保育所（園）でなければなりません。

　認可保育所以外の保育所のことを認可外保育所（無認可）と言います。その中に認証保育所や認定保育室という施設があります。それらは自治体が定めた基準（保育士の人数や施設の構造など）を満たし、自治体から助成を受けている保育所のことをいいます。その他、託児所、事業所内保育所、病院内保育所、駅型保育所、ベビーホテル、季節保育所、僻地保育所なども認可外保育所（無認可）となります。

　これらの認可外保育所（園）での実習は保育所実習として認められません。

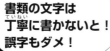

実習生調査書を作成する

　実習に行く前に履歴と実習の課題を示す実習生調査書を作成します。実習生調査書は、実習園が実習生を知るための最初の「顔」になるため、それぞれの養成校の様式にのっとって丁寧に間違いなく作成する必要があります。

　実習生のみなさんは、保育所のことをまだ何も知らないのに何をどう書けばよいのか、難しく感じるかもしれません。まずは、「なぜ実習をするのか」をよく考え、「何を学びたいのか」という実習の目的を明確にしておく必要があります。実習課題は、90時間という実習期間の中で実現可能なことを掲げなければなりません。

履歴を作成する時の
留意事項を知っておきましょう。

①黒のペンで丁寧に書きましょう。

　自筆で書くようにしましょう。誤字・脱字は書き直し、修正テープなどは使いません。また途中でペンを変えず、同じペンを使いましょう。

②枠の中にバランスよく書きましょう。

　字の大きさを揃え、曲がらないように書きましょう。略字は使いません。

③住所は略さずに書きましょう。

　都道府県名から始まり、何丁目何番地何号、あれば「○○マンション×号室」などのアパート・マンション名、部屋番号まで記入します。

④写真はスーツ着用です。

　髪を整え、化粧をする場合はナチュラルメイクにしましょう。写真はのりがはがれないように気をつけて、きれいに貼りつけましょう。

⑤必ず見直しをしましょう。

　書き終えたら、年度や日付、所属等、間違いはないか必ず確認をし、さらに全体を見て、誤字・脱字がないか見直しをしましょう。

課題を書くために
実習の目的を明確にしましょう。

①保育所についての理解
・実習園の方針や特徴を知る。
・1日の生活の流れを知る。

②保育士についての理解
・保育士の役割や仕事を知る。
・保育士の子どもへのかかわりや援助を知る。
・保育士間のチームワークを知る。
・保護者へのかかわり方を知る。

③子どもについての理解
・子どもとのかかわりを通して発達を知る。
・子どもそれぞれの個性を知る。
・子どもの遊びや生活を知る。
・子ども同士のかかわりや仲間関係を知る。

実習に行くための書類を揃えましょう。

　実習生調査書の他に、健康診断書と細菌検査書、そして実習園によっては、はしか（麻疹）の抗体検査書やインフルエンザの予防接種証明書などが必要です。病院や保健所で検査を受けなければ実習に行くことができません。

　◎健康診断書：病院で受診、または養成校で実施される実習健康診断を受診します。
　◎細菌検査書：保健所や養成校の指定検査施設等に検体を提出します。
　◎その他予防接種：はしかやインフルエンザなどの予防接種を受けるよう指示された場合は、病院で受けます。その際、接種した内容や抗体があるという証明が書かれた証書等をもらってください。

はじめての実習（Ⅰ期実習）に向けての準備　Chap.1

1 学歴・職歴

　千春は本屋さんでアルバイトをしていますが、職歴としては書きません。のんちゃんは高校を卒業してから1年間保育所でアルバイトをしていました。ある程度まとまった期間保育にかかわる仕事をした経験があれば、アルバイトでも職歴として記しておきましょう。

2 得意分野

　何も思いつかない場合でも、「なし」とはせず、もう一度よく考えてみましょう。必ずしも保育に関連しない内容でもよいのです。何か見つかるはずです。

千春の場合

　千春は得意分野がわからず、岩鬼（いわき）先生に相談すると「あなたは絵本が好きで読み聞かせが上手よね」と言われ、得意分野に気づくことができました。

大吾の場合

　大吾はサッカーやピアノのことを記しましたが、「サッカーはレギュラーだったのでかなりのレベル」、「ピアノが超得意」といった表現では、話し言葉が使われている上、主観的で第三者には伝わりません。「サッカー（中学校、高校時代レギュラーとして県大会出場）」、「ピアノ（クラシック、ポップス、童謡（どうよう）など）」というように、客観的事実として表現するとよいでしょう。

3 資格免許

たくさんある場合は2〜3個選んで書きます。ない場合は「なし」と書きます。

のんちゃんの場合

　のんちゃんは「資格マニア」で、華道師範（しはん）、柔道初段、ダンスインストラクター、救急法、漢字検定2級、珠算（しゅざん）1級、電子オルガングレード3級、自動二輪運転免許、等々とたくさんの免許資格を持っています。この中から悩んだ末、ダンスインストラクターと電子オルガン3級と救急法を選んで書きました。

4 実習課題

大吾の場合

　大吾は、「遅刻をしない」と書いています。これは実習の課題というよりも「心がけ」と言えます。遅刻をしないのは実習生として当たり前の姿勢なので課題にはならないと岩鬼先生から言われ書き直しました。

のんちゃんの場合

　のんちゃんは、「アルバイトで経験した保育と実習園を比較しながら学ぶ」と書きましたが、保育方針や保育方法は園によってさまざまです。実習は比較ではなく、実習園の方針や保育方法をしっかり理解していくことが大事です。岩鬼先生の助言を踏まえて、「実習園の保育方針や保育の方法を理解し実習に取り組む」と変えました。

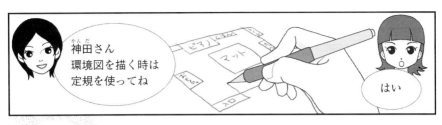

実習日誌の書き方を学ぶ

　実習日誌は、保育現場で実践された保育、自分が行動し体験した内容を振り返り、それらを今後の保育に活かしていくための記録です。これらを書くことで自分がイメージしていた保育と現実とのズレを感じることができるようになります。そのためには、保育実習で起こったことや見たことを羅列するだけでは不十分です。自分はどう感じたか、なぜそう感じたのか、どう行動したか、これからどうしていきたいか、また疑問や質問などを整理して具体的に書くとよいでしょう。これらを行うことで次の日への課題が見えてきます。実習に行っている期間ずっと積み重ねて書いていくことで学びが深まっていくのです。

毎日の日誌を書くためのポイントは何でしょう？

- １日保育を体験する中ではさまざまなことが展開していきます。保育の流れや生活リズムをつかみ、感じたことや反省したこと、学んだことをメモしておきましょう。
- 今日の目標やねらいに沿って書きましょう。
- 指導されたことを書いておきましょう。
- 養成校で習ったことを基に、担任保育士と書式などを相談しておきましょう。

日誌には日々の記録以外に何を書くのでしょうか？

①実習園名、園長名、自身の氏名、学校名などを書式にのっとって書きましょう。
②実習園の概要や沿革、保育方針、デイリープログラムを書きましょう。
③行事予定や実習計画を書きましょう。
④園内の略図、遊具等の配置図を記しておきましょう。
⑤オリエンテーションで伺ったこと、学んだことを書きましょう。

⑥実習の反省会の内容や、実習を終えての反省や感想を書きましょう。
⑦立案した部分実習の指導案や園からいただいた資料等を貼りましょう。
＊①〜⑤はできるだけ実習初日までに書いておきましょう。

日誌を書く習慣を
つけましょう。

　日誌は実習から帰って家で書きます。疲れているかもしれませんが、その日の日誌はその日に書き、次の日に提出できるようにしておきましょう。また提出する前に見直し、間違いがあったら訂正することも大事です。日誌の書式は養成校によって異なりますが、書く内容はほぼ同じです。

日誌を書く時に注意しましょう。

　実習日誌はあなた自身の学びの記録であると同時に、担当保育士や園長先生が読み、指導してくださるものです。次に掲げることは常識的な事柄です。うっかり見逃さないよう気をつけていきましょう。

- 実習日誌をいつ誰にどのように提出するのかを確認しておきましょう。
- 保育士や子どものことを書く場合は実名でよいか、イニシャルにするのかを書く前に伺っておきましょう。
- 話し言葉ではなく書き言葉で書くように気をつけましょう。
- 誤字・脱字は絶対にしないよう、漢字などはこまめに辞書で調べて書くようにしましょう。
- 字を揃えて丁寧に書きましょう。くせ字、マンガ字、ギャル文字にならないようにしましょう。
- 黒のペンで書きましょう。また、修正テープなどはできるだけ使わないよう気をつけましょう。
- 保育士が直してくれた部分は自分で修正をしましょう（これをしないと失礼になります）。
- メモは取れない園もあります。あらかじめ確認しておきましょう。
- 書いたら提出する前に必ず読み返し、ミスがないか確認しましょう。

□実習日誌の書き方

> 実習の日数、実習に入る月／日／曜日／天気を記入します。前日のうちにわかる部分は書いておきましょう。

> 実習に入る年齢、組を毎日記入します。

第　　　日目	組	歳児　　　　組
平成　　年　　月　　日　曜日　天気	人数	男　　名／女　　名　合計　　名

目標	本日の実習の目標を考えます。前日の実習の反省から活かして、その日、知りたいこと、学びたいこと、理解したいことを簡潔に書くとよいでしょう。前日のうちに書いておきます。

時間	環境構成	子どもの活動	保育士の動き	実習生の気づき・学び
	登園から降園までの保育室や遊びのコーナー、遊びや生活のための準備、子どもや保育士の位置、活動に沿った机や道具の位置など、保育士が考えて構成した環境を理解するために図や文字で示します。	その日1日行った子どもの主な活動や園生活を把握するために書きます。細かく羅列するのではなく、節目になる活動をピックアップして書くことが大事です。「登園」「自由遊び」などの主な活動の頭には「・」印をつけ整理して書きます。その下に子どもの活動を具体的に短い文で記していきます。	保育士の動きや援助の方法を理解するために書きます。子どもへの声かけ対応の仕方、遊びの導入・展開・まとめ方などを記しておくとよいでしょう。自分が部分・責任実習などをするとき、援助や声かけなどに役立てられるように書いておくとよいでしょう。	自分の行動したことを子どもの生活の流れに沿って子どもの活動、環境構成、保育士の援助と共に書いていきます。ここは客観的に事実を書きいれ、自分の気持ちや感情は書きません。学んだ内容は書きいれておくと、次の日からの参考になるでしょう。

> 生活の流れに沿って時間を記入します。

本日の気づき

　自分の行動や気づき、疑問、理解したことを、一つの場面を切り取り、自分がどのような行動をし、そこで感じた疑問や理解したことを確認するために書きます。

1日の反省・感想

　今日1日の感想や学び、反省、明日はどうしていきたいかを書きます。また保育士に教えていただいたことなどもまとめて書くとよいでしょう。例えば「今日はありがとうございました。いろいろ勉強になりました。明日も頑張ります」などと書く人がいますが、これでは何が勉強になったのか、明日、何を頑張るのかが全くわかりません。

指導者の所見

　担任保育士に書いていただいたことを前向きに受け止めて、次の日の実習に活かしていきましょう。

Chap. 1

はじめての実習（Ⅰ期実習）に向けての準備

□千春の書いた実習日誌

第 1 日目 平成○年○月○日○曜日　天気 晴れ		組	2歳児　おはな組
		人数	男 6名／女 5名　合計 11名

目標	2歳児の1日の生活の流れを見ながら子どもとかかわる。保育のお手伝いをしながら保育士の仕事の流れを学ぶ。

時間	環境構成	子どもの活動	保育士の動き	実習生の気づき・学び
8:30	（保育室の図：絵本・ロッカー・ままごと・段ボール）子どもが遊びやすいよう玩具を設定する。	・登園 担任保育士とかかわりながら自由に遊ぶ。ままごと・絵本・段ボールを使った遊びなど。友だちと絵本を見て楽しむ。「これは？」と次々に絵を指さす子と会えると嬉しそうな顔をする。	子どもと一緒に遊ぶ。子どもの遊びがより楽しくなるように歌を歌ったり、段ボールを使った温泉ごっこをしたりというように働きかける。	登園してきた子どもに「おはよう」と挨拶をする。子どもが持ってきてくれた絵本を読む。会話を交え楽しみながら読むように心がける。
9:30	保育室片づけ お茶の準備	・促され片づけをする。	片づけの声かけをする。	片づけを手伝う。お茶の準備ができるまで絵本の読み聞かせをする。
9:35	マットを敷く（図：マット配置）	・お茶を飲む。・排泄をする。男児は立ち便器で排尿する。女児は洋式便器に座る。手渡されたペーパーを使う。声をかけられ手洗いをする。	マットを敷き、お茶を配る。排泄を促す。声をかける保育士、トイレの中で援助する保育士に分かれる。手を洗うよう声をかける。	トイレの援助に入る。ペーパーを切って手渡す。自分でペーパーを切れる子もいるが、見守りが必要である。
9:45	マットの位置を変え子どもが座れるように設定する。	・戻ってきたほとんどの子はマットに座る。うろうろ歩きまわる子もいる。・実習生の様子を見て真似る子、落ち着かず座らない子がいる。	・保育室に残った保育士が子どもたちにマットに座るよう声をかける。・実習生と手遊びをすることを子どもに伝える。	・排泄の最後の子と一緒に保育室に戻り子どもと一緒に座る。・子どもの前に行き、手遊び「ひげじいさん」を行う。

本日の気づき

［手遊びについて］
　手遊びをしましたが、焦りから止まってしまい、その場に合った手遊びができませんでした。先生からは「まず、自分が落ち着くこと、子どもが楽しめるもので」とアドバイスをいただきました。今振り返ると自分の気持ちが不安定なままだったので、突然始まった手遊びについていけず楽しむことができないまま終わってしまった子どもがいたと思います。自分の思いだけで子どもにとって良いと考えるのではなく、子どもの好きなものや興味の持てるものを子どもの目線や気持ちになって考えたいと思いました。また、手遊びの声が小さく元気な声がないという指摘も受けました。自分では大きな声でやっていたつもりでしたが、実際のいる実践の場と普段の生活の場では声の出し方が異なり工夫する必要があることに気づきました。次回からは子どもに伝わる声で行うように心がけようと思います。

1日の反省・感想

　前日から子どもとの触れあい方をいろいろと考えていたのですが、いざおはな組に入り、子どもたちを目の前にすると、緊張してしまい思うように動くことができませんでした。絵本の読み方や手遊びをする声も、練習のようにはうまくいかず、うまく子どもたちに伝えることができていなかったと思います。もっと自分の心にゆとりを持って、子どもの思いを理解しようとしながらかかわれるように意識したいと思います。今日、先生方から受けた注意やアドバイスしていただいたことを頭において明日は子どもたちとかかわっていきたいと思います。また先生方の仕事に触れ、子どもとのかかわり方、言葉かけの仕方、1日のさまざまな仕事の流れを学ぶことができました。明日も先生方から学べるよう、観察やお手伝いをしっかりしていきたいと思います。今日1日ありがとうございました。

指導者の所見

　1日お疲れ様でした。実習初日でいろいろわからないこと、迷うこともあり、気疲れしたのではないでしょうか。千春先生の実習に対する前向きな姿勢はとても好感が持てました。緊張からか顔がこわばってしまうことがありましたので、気持ちを楽に子どもたちとたくさん遊ぶつもりで取り組んでください。子どもたちは遊んでくれる先生が大好きです。頑張ってください。（記：花形）

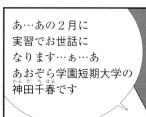

実習園のオリエンテーションを受ける

　実習に行く1か月〜2週間前には、実習園においてオリエンテーションを受けます。オリエンテーションは、実習生にとって実習園と実習に必要なことを知り、スムーズに実習に参加できるようにするための場であり、実習園側にとってはどのような学生が来るのかを知るための機会です。実習園と実習生の出会いであり、ここから実習が始まるともいえます。実習することを頭に置いて質問事項や提出書類等の準備を整（とと）えておきましょう。また、オリエンテーションを受ける前に依頼の電話をする必要があります。実習園に電話をしてオリエンテーションの日程を決めていただきます。

実習園への電話のかけ方を知りましょう。

　実習に一緒に行くメンバーが複数の場合はリーダーを決めて、リーダーが代表で電話をかけましょう。携帯電話を使用する場合は、電波の良い、静かな場所でかけるようにしましょう。

　また、電話をかける時間帯に注意をしましょう。朝夕は忙しい時間です。午前であれば10時30分から11時30分頃、午後であれば午睡（こすい）時間である13時から14時30分頃がよいでしょう。園長先生または実習担当の先生とお話します。電話をする時には筆記用具とメモ帳や予定表を用意しておきましょう。言葉遣（づか）いにも気をつけなくてはなりません。社会で働く年上の方と話すことを意識しましょう。

電話のかけ方の例

　○○保育園でしょうか？　お忙しい中失礼いたします。私は○月に実習をお願いしております、○○短期大学○○科○年の○○と申します。実習のことでお電話させていただきました。園長先生か実習担当の先生はいらっしゃいますか？

はじめての実習（Ⅰ期実習）に向けての準備 Chap. 1

　園長先生や実習担当の先生に代わっていただいたら、もう一度学校名と名前を名乗ります。先に先方から「はい、○○保育園○○です」と言われると、焦って次の言葉が出ず、無言になってしまうことがありますので、気をつけましょう。もし担当の先生が不在の場合は改めて電話をしますが、かけ直すのに都合のよい日時を伺っておくとよいでしょう。

　実習をお引き受けいただきありがとうございます。オリエンテーションをお願いしたいのですが、○日から○日の間でご都合のよい日時を教えていただけますか？

　実習園が指定した日時を優先するのが基本ですが、授業や試験等で都合がつかない場合は「大変申し訳ありませんが、○○の予定が入っていますので他にご都合のよい日時はございませんか？」ときちんと伝えます。曖昧にして、後日変更するのは失礼になります。決まったらメモしておきましょう。

　オリエンテーションの時の持ち物を確認させてください。実習書類、実習日誌、筆記用具、上履きの他に持参するものはありますか？

　指定された持ち物や指示されたことをメモしておきましょう。

　それでは○月○日の○時にお伺いいたします。お忙しい中ありがとうございました。失礼いたします。

　もう一度日時を繰り返し、お礼を伝えます。電話を切る時には相手が電話を切ったのを確認してから切ります。
　携帯電話を使用する場合には、以下のことを守るとよいでしょう。
　①電波の良いところでかけましょう。
　②電池の残量に注意しましょう。
　③歩きながらではなく、メモを取れる態勢でかけましょう。
　④静かな場所で落ち着いてかけましょう。

オリエンテーションで確認しましょう。

①実習生調査書、実習出勤表、評価表などの実習書類を提出しましょう。

園の方に確認していただき、足りない書類があった場合は後日必ず送付するよう伝えましょう。

②園の概要を伺いましょう。

沿革、方針、保育の特徴、園舎の構造や遊具、職員構成、園児の定員やクラス、デイリープログラムなどを伺い、実習までに頭に入れておき、実習中は園の一員として行動できるようにしましょう。

③実習日程やスケジュールを伺いましょう。

出勤時間や配属クラスや年齢、行事などを知ることで、絵本や手遊びなどの教材準備や指導案の準備がしやすくなります。配属年齢の希望を聞かれることもあるので考えておきましょう。

④実習開始までに準備する園歌や歌について確認しましょう。

園で日常的に歌っている歌を教えていただいたり、楽譜を貸していただいたりして、事前に練習をしましょう。

⑤実習日誌を見せて書き方や提出方法を確認しましょう。

養成校で習ったことは基本です。実習園の指示を受けて書き方や用語の使い方を理解しておきましょう。提出方法も理解しておくと提出時に慌てなくてすみます。

⑥実習方法を確認しましょう。

子どもとどの程度かかわってよいか、かかわり方の留意点などを伺っておきましょう。特に乳児クラスに配属された場合は、子どもとのかかわり方や実習の仕方を伺っておくことで迷わず動きやすくなります。

⑦持ち物やマナーについて確認しましょう。

通勤時の服装、保育中の服装、日々の持ち物、給食費または弁当について伺っておきましょう。また、実習中特に注意するべきことを教えていただき、少しでも実習中迷うことが少なくなるようにしておきましょう。

はじめての実習（Ⅰ期実習）に向けての準備 | Chap. 1

□服装の良い例と悪い例

オリエンテーションに行く時に注意しましょう。

- オリエンテーションの服装は、基本的には黒または紺のスーツです。茶髪は控え、長い髪は結びましょう。男子も整髪して行きましょう。化粧はしないか薄化粧で、アクセサリーはつけません。
- メンバーが複数の場合は、駅などで待ち合わせをして全員揃って園に伺いましょう。
- 遅刻をしないよう、交通手段や道順をしっかり確認しておきましょう。電車の遅延等で万が一遅刻する場合は、必ず連絡を入れましょう。また、逆に早すぎるのも園に迷惑をかけてしまいます。
- 園の周辺で、大声でしゃべる、携帯電話をかける、化粧をする、写真を撮るなどはしないようにします。
- コートやマフラーを着用している場合は、玄関に入る前に取りましょう。靴を揃えて脱ぎます。また夏期で暑い時もスーツの上着は脱ぎません。
- 明るく挨拶をし、学校名、氏名、実習のオリエンテーションのために伺ったことを伝えましょう。
- 忘れ物をしないように気をつけましょう。印象が悪くなります。

実習前日までに確認すること

　実習の前日は、実習に備えてさまざまな持ち物や教材などの準備を整えなければなりません。多くの養成校では実習前に校内でもオリエンテーションが実施され、基本事項、諸注意、実習後についての説明を受けます。万一の事故や体調不良などで実習を遅刻・欠席する場合に備えて、連絡方法を必ず確認しておいてください。わからないことがある場合には自己判断せず、養成校の実習担当の教員に報告・連絡・相談するようにしましょう。

実習の基本事項を確認しましょう。

①実習期間
　実習日程、実習期間に行われる行事や実習予定を確認しましょう。実習時間はⅠ期、Ⅱ期共にそれぞれ約90時間の実習が必要となります。

②出勤時間
　通勤交通手段の再確認をしてください。時間的余裕を充分もって出勤し、実習10分前には着替えをすませ、掃除や朝礼に参加できるようにします。

③持ち物　※準備できているものは、□内にチェック（✔）を入れてみましょう。

- □ 実習日誌　　□ 筆記用具　　□ メモ帳　　□ 印鑑
- □ 上履き　　　□ 外履き　　　□ 三角巾　　□ エプロン
- □ 名札　　　　□ 弁当　　　　□ コップ　　□ 腕時計
- □ 着替え　　　□ タオル　　　□ 保育活動用着替え
- □ その他、園や学校指定の提出物など（　　　　　　　　　　）
- □ （　　　　　　　　　　　　　　　　　　　　　　　　　）

④留意事項
- ・実習初日に健康診断書と細菌検査書等を持参し、朝のうちに園の方に手渡します（前もって送付してある場合はよい）。
- ・通勤着は清楚で学生らしいものにしましょう。そのまま保育はせず、必

ず着替えましょう。
- 携帯電話の電源は切り、鞄にしまい、休憩時間でも出さないようにしましょう。
- 薬を飲んだり、目薬をさしたりする場合は、子どものいない休憩時間などにしましょう（ポケットに入れて持ち歩かない）。
- 手洗い用にタオルを持ち歩きましょう（感染予防）。
- 弁当を買った場合、必ず弁当箱に入れ替えましょう。
- 荷物の置き場、貴重品の扱いを必ず確認しておきましょう。
- 実習期間、実習園の園名、電話番号、勤務時間などは、必ず家族に伝えておいてください（災害や緊急時の対策）。

実習欠席や遅刻の対処方法を知っておきましょう。

①体調不良・緊急時について

体調不良や緊急時で欠席・遅刻する場合、出勤時間前までに実習園と養成校に電話をします。氏名、遅刻・欠席理由を丁寧かつ明確に伝えましょう。

②欠席した事後対処について

病気をした場合は必ず通院してください。感染しない病気である場合はその証明を、感染症などで治癒証明が必要な場合は医師の診断書（診断書作成料が必要）を実習園に提出してください。治癒証明をもらわなければ実習再開はできません。実習を欠席した場合でも、期間延長してもらえることが多いので、園や養成校と相談してください。

守秘義務のことを知っておきましょう。

実習にあたり、園の中の子どものさまざまな家庭背景や発達状況などを知ることがあります。それらは子どもの育ちを支援するために必要な情報ですが、取り扱いには十分な配慮が必要です。特に、自分で判断してブログやSNS等に情報や写真を利用してはいけません。保育士の責務として、知り得た情報を外に洩らしてはならない守秘義務という決まりがあります。

memo

chap.
2

はじめての実習
(Ⅰ期実習)

1 実習初日

　実習初日は指定された出勤時間より少し早めに行くようにしましょう。朝、園についたら元気に笑顔で挨拶をしましょう。はじめて見る人であっても、園内にいる人はみんな園に関係する人ですので、迷わず挨拶をしてください。初日には、出勤簿の場所や荷物を置くロッカー室を教えていただくなど、実習の手続きや諸注意があります。園によって多少流れが違いますので、オリエンテーション時に確認しておきましょう。朝礼などで職員との顔合わせがある場合は学校名、学年、氏名を言って自己紹介します。その際に一言実習に対する心構えを伝えられるとよいでしょう。そしていよいよ配属されたクラスの子どもとの出会いです。

自己紹介の仕方を知っておきましょう。

　はじめてクラスに入っていくと子どもたちは「だれだろう？」と関心を示してくれます。まずは笑顔で挨拶をして子どもたちの中に入っていけるようにしましょう。いきなり子どもたちに「私は○○短期大学の○○です。よろしくお願いします」などと言っても受け入れてもらえないでしょう。「保育園の先生のお勉強をしている…」や「みんなと一緒に遊ぶために…」など、子どもにわかりやすく伝えることが大事です。また、子どもたちに「わからないことばかりだから教えてね」などと伝えておくと子どもたちはいろいろ教えてくれ助けてくれるばかりか、仲良くなれるきっかけにもなります。

子どもたちの気持ちをひきつける自己紹介をしましょう。

　朝の会など、クラスの子どもたちの前で自己紹介をする機会をいただくことが多いでしょう。その時、ちょっとした工夫をすると子どもたちの気持ちがひきつけられます。手づくりの教材を使うと好感をもたれます。

はじめての実習（Ⅰ期実習）

- パペット人形：人形と会話しながら、自分のことを話していく。
- ペープサート：自分のペープサート人形を作り自己紹介していく。
- 絵　カ　ー　ド：表に名前の一文字を書き、裏に同じ文字で始まるものの絵を描いて話をしていく。
- パネルシアター：自分の好きなものや嫌いなもののパネル人形を作り、話をしていく。
- スケッチブック：自分のことを絵で描き、めくりながら話をしていく。

パペット人形
ペープサート

絵カード
スケッチブック　パネルシアター

初日に気をつけた方がよいことを知っておきましょう。

　実習初日は緊張するものです。しかし、緊張して何も話さない、その場から動かないのは、保育士ばかりでなく子どもにとっても不信感を抱かせてしまいます。自分から一歩踏み出しましょう。その時気をつけたいことは、一方的にならないことです。例えば自己紹介の時でも自分の言いたいことだけを言って終わるのではなく、子どもの声をよく聞き子どもの顔をよく見ましょう。子どもの質問に答え、やり取りをしていくことが大事です。

積極的に動く姿勢で臨みましょう。

　何をしていいかわからない時には、担任の保育士の動きを真似る、子どもと一緒に行動する、座って子どもの目線になるなど、自分の行動をはっきりさせなければなりません。何をしているのか曖昧な態度が一番よくありません。玩具の片づけや掃除、食事の準備、片づけは、実習生でも取り掛かりやすい動きです。生活の流れに沿って行うべき環境整備を率先してやっていきましょう。動いているうちに、自分のするべきことがわかってくるはずです。

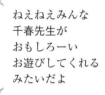

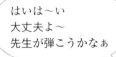

はじめて子どもの前に立つ

　実習は、見学、観察、参加、責任と段階を踏んで行っていきます。しかしせっかく子どもたちとかかわれる機会ですので、実習段階にあまりこだわらず、早い時期から手遊びや読み聞かせ、ピアノを弾くなど、できる機会があれば、積極的にしていくとよいでしょう。実習初期に子どもの前に立って行った経験は何でも今後に役立ちます。失敗を恐れずに行ってみましょう。手遊びや絵本の読み聞かせなどたとえ5分くらいの部分実習であっても、導入・展開・まとめを考えながら行うのが本来の流れですが、まずは、子どもと一緒に何かしてみたいという気持ちを大切に取り組んでみましょう。

配属されたクラスの担任保育士の先生に相談しましょう。

　実習生が子どもの前に立ってみたいという気持ちは大事ですが、それだけで勝手には進められません。担任保育士と話し合い、1日の生活のどの時間に、何をするのかを決めましょう。絵本や手遊び、歌など具体的な内容を確認しておきます。話し合いは、事前準備のことも考えて前日までにはしておかなくてはなりません。クラスの子どもの状況を理解して、年齢や発達、興味に沿った活動内容であることを自分で確認しながら指導案を書いていくとよいでしょう。事前に複数考えておき、実習が始まる前に年齢ごとの教材を用意しておくとよいでしょう。

事前準備をしましょう。

　何をするかを考えたら、事前準備が必要です。絵本や紙芝居なら題材を選び、読む練習をしなくてはなりません。どうすれば全員の子どもが見やすくできるか、どのくらいの声量で読むのかなどを考えます。手遊びも歌や動きを知っているだけではなく、子どもと一緒にすることを意識してどういう手

順で進めるか考えておかなくてはならないでしょう。ピアノを弾く場合は、子どもに合わせながら弾く、歌いながら弾くなどを考えて十分な練習が必要になります。何を行うにしても事前準備はとても大事であることを覚えておいてください。

うまくいっても、失敗しても勉強になります。

「子どもはかわいくて好き」という気持ちで保育士を目指している人も多いでしょう。子どもはかわいいし、一緒にいると楽しいのも事実ですが、シビアで手ごわい存在でもあります。実習生に対して、この人は遊んでくれる人かな、優しい人かなと試してくることもあります。からかってきたり、わざと嫌いと言ったりすることもあります。その言葉や態度に心が左右されると失敗してしまいます。また、実際に絵本や手遊び、歌を歌ってみたら、思うように進められなかった、期待はずれだった、思ってもいない展開になってしまった、ということがあります。子どもは子どもなりにいろいろ考えて発言してきます。実習生の思う通りにいかなくて当然です。うまくいったらそれを自信として、失敗したら悪かったことを反省し、次につなげていきましょう。それが実習で学ぶことです。失敗は成功のもとです。くじけずに頑張ってください。

ピアノが苦手なあなた！！

へこまないで……大事なのはうまく弾くことではなく、子どもと一緒に楽しく歌うことです。単音でも、弾くのを止めず、子どもと声と気持ちを合わせてあなたも元気に歌っていけば、子どもは楽しく歌えるでしょう。完璧なピアノより、子どもと気持ちを合わせることを心がけましょう。そのために歌をしっかり覚えておきましょう。歌詞や音程が曖昧だと、譜面にくぎづけになってしまいます。ピアノがうまくいかなかった時には、子どもたちに「先生失敗しちゃった。ごめんなさい。今度頑張るね」と伝えるよいでしょう。

実習生としての姿勢

　実習の場では、保育の知識や技術と同様に、生活技術などの生活力が求められます。保育所は子どもが生活する場所です。掃除・整理整頓・洗濯・食器洗い・裁縫など生活に必要なさまざまなことが求められるのは当たり前です。「掃除って何をすればよいの？」、「布巾と雑巾の違いは何？」というように、生活経験の不足している学生が多く見られますが、「やったことがない」、「できない」は保育の場では通用しません。保育士になりたいと考え始めた時から、日常生活にかかわる生活技術を磨いておきましょう。家庭で親のしていることを手伝うことが生活技術を身につける近道だといえるでしょう。掃除や片づけ、洗濯などを頼まれ、やり方がわからない時は、保育士に伺って確認してから行動しましょう。

子どもは大人を見て真似をします。

　日々の園生活の中で子どもたちは保育士のすることをよく見ています。遊びの中で、台拭きで机を拭いたり、ほうきを持って掃除をする真似をしたりしています。また子どもたちは、保育園の生活の仕方など見たことを身体で覚え、靴を脱いだ時に靴の底の泥をはたく、洗った手の水をパッパッと切る、食べ終わったら食器を片づけるといったことが自然とできるようになり、それぞれの発達に合った生活力が身についていきます。子どもは大人が無意識にしている行動を見て、真似をして身につけていくのです。例えば荷物で手がふさがっているので足でドアを開けるなど、子どもに真似をしてほしくないことはしない方がよいでしょう。

子どもと一緒に生活力を磨きましょう。

　保育士は子どもたちとの生活の中で、さまざまな道具の使い方、物の片づ

け方、約束事やマナーなど人が生きていくために必要なことを伝えていきます。例えば、絵本が破けてしまった時や玩具が壊れた時などは、子どもと一緒に直し、みんなで使う物を大切に扱うことを伝えます。「きまりだから」、「みんながやっているから」するのではなく、生活していくために必要なことは何だろうと考えていくとよいでしょう。実習の期間に子どもの生活に入り、保育士のすることをじっくり見て、子どもと一緒に行動しながら自分も生活力を身につけていきましょう。

掃除のコツを知っておきましょう。

　子どもたちの保育室は、遊んだ玩具、使った紙の切れ端、机の上で使ったのり、食事のあとの食べこぼしなどで、1日の生活の中で何度も汚れてしまいます。そのたびに片づけや掃除をしていきます。「また掃除？」と思うかもしれませんが、掃除は保育の基本ともいえます。安全管理や保健衛生の視点をもつことが大事です。そして、きれいな保育室は気持ちがよいことを味わいましょう。以下のことに気をつけるとよいでしょう。

①　保育室は汚れたらすぐにきれいにしましょう。
②　1日何度か空気の入れ替えをしましょう。
③　危険なものはないかチェックしましょう。
④　道具や玩具はあった場所にきれいにしまいましょう。
⑤　机やいすは子どもと一緒にきちんと並べましょう。
⑥　雑巾やほうきなど掃除道具の扱い方を覚えましょう。
⑦　子どもの手の届くところは拭き掃除をしましょう。
⑧　乳児の玩具は布で湯拭きをしましょう。

　朝、子どもの登園前、夕方の降園後に確認し、保育がスムーズに行えるよう環境を整えておきましょう。

保育実習の反省会を振り返って

　1日の実習が終わると、「今日1日どうだった？　何かわからないことあった？」という保育者の言葉から反省会が始まります。毎日行われる反省会では、聞きたいことがあってもそれを言葉にすることは非常に難しいです。私は日常の実習の中で保育者と頻繁(ひんぱん)にコミュニケーションをとり、どんなことでも相談できる関係作りを心がけました。

　私が保育者に質問した事の一つに援助と見守りの見極めがあります。実習生だから積極的に動かないとと思い、子どもが一人でできることまで援助をしてしまった経験からこのような質問をしました。子どもに経験やヒントを与えることが保育者の役割であり、自分でできた達成感を味わうことが子ども自身の喜びに繋(つな)がっていく、という返答を頂きました。製作活動の場面でも、上手に仕上げようと保育者が子どもの活動に入りすぎてしまうのではなく、自分で最後まで取り組むことが、またやりたいという意欲に繋がっていくということを教わりました。このことを自由遊びの場面にも活かし、子ども自身が自分からやりたいと思えるようなかかわりを実践していきたいと思います。

《短大2年女子　N.T.》

1日の反省会の場で

　「今日1日どうでしたか？」と担当の保育士から聞かれ、「どうって…」と答えることはやめてください。実習生にとってはもっと具体的に、「今日の〇〇の活動に参加して何か感じたことありますか？」と聞かれれば答えやすいのかもしれません。しかし、保育士には実習生が1日の中で何を感じたのかはわかりません。何か疑問はなかっただろうか？　おもしろいと思ったことはなんだったろうか？　困ったことはなかっただろうか？　という思いから「今日1日どうでしたか？」と聞いているのです。では実習生はどうすればよいでしょうか。

1日の反省会

　多くの保育園では実習生に対して、その日の反省会をしてくれます。内容は、配属されたクラスの担任保育士とその日の保育のことを話し、実習を振り返ります。保育士は子どもの様子、保育行為の意図など話します。また、実習生の基本的な実習態度や保育技術など、さまざまな観点からアドバイスや意見がなされます。実習生は質問をしたり、思いや考えを話したり、困ったこと悩んでいることを相談したりしましょう。なかには「今日一日どうでしたか？」と聞かれて「どうって聞かれても…」や「疲れました」と言ってしまう実習生がいます。保育士が実習生のためにわざわざ時間を作ってくれていることを忘れずに、真摯な姿勢で保育のことを話していきましょう。

今日の目標を意識して保育を見ましょう。

　実習を1日終えても、何を話してよいかわからないという実習生がいます。いろいろ見たり、子どもとかかわったりしたのに心に残っていることや疑問がないという場合、まずは自分の実習の仕方をもう一度見直してみましょう。今日の実習の目標は何であったかを振り返ってください。例えば、「2歳児の排泄を観察し援助を学ぶ」という目標を立てたとしましょう。1日のうちに、何度も排泄の場面はあります。その時々の子どもの様子や個々の違い、保育士の援助の仕方などを話すことができるでしょう。アドバイスを受けたら、それを謙虚に受け止める姿勢をもつことも大事です。今日の目標から次の目標につなげていくことができるとよいでしょう。

保育士とのコミュニケーションを積極的にとりましょう。

　保育士と話すことは、実習生にとって緊張するのは当然です。保育士は社会人であり、資格をもって日々保育をしている人です。「こんなこと言ったら恥ずかしい」と勝手に思い込んで話せないという実習生も見られます。し

かし、何のために実習に来ているのでしょうか？「保育や子どものことをもっと知りたい、勉強したい」からだったはずです。「今日の○○ちゃんのおままごとの様子がとてもかわいらしかったです」など、自分が1日過ごして見たことや感じたことを素直に話してみましょう。きっと保育士も話を聞いて、共感したりアドバイスをしてくれたりするでしょう。まず自分から声を出していくことは大事です。

言葉遣いに気をつけましょう。

実習生は敬語を使って話しているつもりなのでしょうが、「歌を歌うのがちょーうまくて驚きました」、「○○ちゃん、まじしっかりしていますね」など若者言葉が混ざっていることに、自分でも気づいていない人がいます。これでは保育士としてばかりではなく、社会人としても失格です。普段の友達と交わす若者言葉と、社会人としての言葉遣いをきちんと使い分けなければなりません。保育士と話がはずんでコミュニケーションがスムーズになっても、指導を受けている立場であるということを忘れないようにしましょう。

✕使わない方がよい言葉遣い		◎正しい言葉遣い
わたし的には○○だと思います。	→	わたしは○○だと思います。
やっぱり○○とか好きです。	→	やはり○○が好きです。
○○でよろしかったでしょうか？	→	○○でよろしいですか？
見させていただきます。	→	見せていただきます。
○○だなって感じました。	→	○○だと感じました。
○○みたいなやつ〜	→	○○のようなもの〜
私のお母さんは○○です。	→	私の母は○○です。
アドバイス聞かせてください。	→	アドバイスをお願いします。
先生が言いました。	→	先生がおっしゃいました。

市民公園

今日は4歳児実習
もり組のみんなと散歩に
出かけました！

子どもの発達と遊び

　各年齢でよく見られる子どもの姿と年齢に応じた手遊びと絵本を紹介します。実習時は緊張してしまいがちなので、十分事前練習をしておきましょう。

0歳児クラスに入ってみて
――大吾は子どもに人見知りされてしまいました。

　0歳児は大人が優しく言葉をかけることで、視線を向け、声を発します。1対1のかかわりを基本として、向かい合う姿勢をもつことが大事です。また、8〜9か月ごろの赤ちゃんは人見知りがあるものです。それは身近な人とそうでない人を見分ける力がついてきたという証（あかし）です。人見知りが強い赤ちゃんに、実習生が急に近づくことは避けましょう。

やってみよう！　手遊び

　　　　　　　　ちょちちょちあばば　　　　作詞・作曲：不明（わらべうた）

　赤ちゃんと向かい合いまたは抱っこして歌いながら触れ合って遊ぶ。

ちょちちょち	（両手を打つ）
あばばばば	（片方の手のひらを口にあてながら発声）
かいぐりかいぐり	（両手をぐーにしておなかの前でぐるぐる回転）
とっとのめ	（手のひらをもう片方の人差し指でつつく）
おつむてんてん	（両手で頭をたたく）
おなかぽんぽん	（両手でおなかをたたく）
いないいない　ばあ	（両手で顔を隠す）（顔を見せる）

Book

作：松谷みよ子　絵：瀬川康男
『いないいないばあ』童心社、1967年

　赤ちゃんが一番好きな遊びでもある『いない いない ばあ』の絵本です。読んでから優しく「いないいないばあ」をして楽しみましょう。

1歳児クラスに入ってみて
―― 千春は食事援助の難しさを感じました。

1歳を過ぎると、一語文（「まんま」「ぶーぶー」など）が出てきます。また、簡単な言葉の意味がわかり、覚えた言葉を発するようになります。歩行ができるようになり、自分で動き回ることが楽しい時期ですので、「まてまて」と追いかけられることも好みます。ケガが多くなるので目を離さないようにしなくてはなりません。食事は手づかみで食べることも多いのですが、スプーンやフォークにも興味をもち始めます。自分で食べることで食事への意欲や手の操作性は高まりますが、食べこぼしや遊び食べも多くなります。個人差も大きいので、その子の意欲や気持ちに添いながら発達や状況に応じていけるよう、保育士の援助方法を参考にしてみてください。

 やってみよう！　手遊び

いとまきのうた　　　作詞・作曲：不明（デンマークの歌）

靴ができ上がった時に名前を呼ばれることが嬉しい遊びです。

いとまきまき　いとまきまき	（両手をぐーにしてぐるぐる回転）
ひいてひいて	（横にひっぱるしぐさ）
トントントン	（げんこつをたたき合わせる）
いとまきまき　いとまきまき	
ひいてひいて	
トントントン	
できた　できた	（ばんざいをして両手をきらきらさせ横に下ろす）
こびとさんのおくつ	（靴の形を手で作りをさし出す）
（○○ちゃん）	

Book

作：きむらゆういち
『いただきますあそび』偕成社、1988年

1歳児に身近な動物がそれぞれ「いただきます」をして食事を食べ始める話です。楽しいしかけ絵本になっているので、見て触れて楽しめます。

2歳児クラスに入ってみて
――大吾は子どもにくっつかれて動けなくなりました。

　歩く、走る、跳ぶなど基本的動作が自由にできるようになり、それを楽しむ時期です。語彙数が増え、言葉がはっきりし、会話が成り立つようにもなります。簡単なごっこ遊びなどを喜ぶようになりますので、繰り返しが出てくるような絵本やお話を題材に遊びを展開するとよいでしょう。自己主張が非常に強くなり、なんでも自分でやりたがります。大人が手伝おうとすると「いや」、「自分で」と、いらだつ姿も見られます。しかし、好きな大人の真似をしたり、抱っこを求めたり甘えたりする姿もあります。抱っこから離れられなくなった時には、気分を変えて遊びに発展させていく工夫をしてみるとよいでしょう。

やってみよう！　手遊び

　　　　　　あたま・かた・ひざ・ぽん　　　　作詞・作曲：不明（イギリスの歌）

　　　左右同じ動きで身体の名前をあてっこして楽しみましょう。

あたま・かた	（両手を頭に　両手を肩に）
ひざ・ぽん	（両手をひざに　手を1回たたく）
ひざ・ぽん　ひざ・ぽん	（両手をひざに　手を1回たたく　繰り返し）
あたま・かた	（両手を頭に　両手を肩に）
ひざ・ぽん	（両手をひざに　手を1回たたく）
め・みみ	（目を両手でおおう　耳を両手でおおう）
はな・くち～	（鼻を両手でおおう　口を両手で押さえる）

········ Book

作：エリック・カール　訳：もりひさし
『はらぺこあおむし』偕成社　1976年

　子どもたちはカラフルな絵と丸い穴のしかけが大好きです。繰り返しの部分を子どもと一緒に言うのも楽しい本です。

3歳児クラスに入ってみて
――千春ははじめてトラブル仲裁の体験をしました。

　食事や着替え、排泄（はいせつ）などの基本的生活習慣が自立してきます。身体の動きも巧みになり、ボールを投げる、蹴るができるようになり、走る姿もしっかりとしてきます。1人遊びから、友達と一緒にいることが楽しくなります。友達と同じ場所でそれぞれの遊びをする平行遊びから、次第に友達と一緒に遊ぶ姿が出てきます。友達とのかかわりが増えてくると、自分の思い通りには遊びが進まず玩具をとったりとられたりといった主張と主張のぶつかり合いによるトラブルが多く見られますが、自我の育ちと考えましょう。仲裁（ちゅうさい）しようと割って入るより、まずはケガがないかを確認しながら様子を見てください。その上でトラブルの流れや双方の気持ちを理解するように接していくとよいでしょう。

やってみよう！　手遊び

　　　　　　　　ぐーちょきぱー　　　作詞・作曲：不明（フランスの歌）

じゃんけんができるようになってきますのでじゃんけんを使って遊んでみましょう。子どもの様子を見ながら、ちょきとちょきでかにさん、ぐーとちょきでかたつむりなど増やしていくと楽しいでしょう。

ぐーちょきぱーで　ぐーちょきぱーで　（ぐーちょきぱーを両手で作る）
なにつくろう　なにつくろう　（腕組みをして首を左右に振る）
みぎてはぱーで　　　　　　　（右手でぱーを作る）
ひだりでもぱーで　　　　　　（左手もぱーを作る）
ちょうちょ　ちょうちょ　（両親指をクロスしちょうちょのように手を広げる）

Book

作・絵：加古里子
『だるまちゃんとてんぐちゃん』福音館書店　1967年

　見立てて遊ぶことが楽しいだるまちゃんの気持ちに共感しながら見ることができます。たくさんの道具が出てくるので、子どもたちとやり取りが楽しめます。

4歳児クラスに入ってみて
――千春はケガの対応と生命の保持の大事さを理解しました。

　自己中心的な自分と、相手に合わせることや我慢が必要だとわかる自分との狭間（はざま）で葛藤（かっとう）を経験するようになります。想像力が高まり、物語性のある絵本やごっこ遊びを好みます。思いのまま身体を動かし、活発にチャレンジ精神をもって遊びに取り組むようになりますが、少し自信過剰（かじょう）になり、ケガの多い時期でもあります。実習生が子どものケガに遭遇（そうぐう）した時はすぐに保育士に報告します。その際、ケガの状況と経緯をきちんと話せるようにしてください。それが生命の保持の考えともつながってきます。

やってみよう！　手遊び

やおやのおみせ　　　作詞：早川進／作曲：坪田幸三

ゲーム的要素を楽しんでいきます。
お店をパン屋、さかな屋など変えても楽しめます。

やおやのおみせにならんだしなものみてごらん　　（リズムに合わせて手をたたく）
よくみてごらん
かんがえてごらん
（このあと、野菜の名前を言い、やおやに売っているものならリズムに合わせて拍手を
2回するが、やおやに売っていないものが出てきたら拍手をしない）

例）ぴーまん（拍手2回）トマト（拍手2回）
　　たまねぎ（拍手2回）肉まん（拍手しない）

Book

作：中川李枝子　絵：大村百合子
『そらいろのたね』福音館書店　1967年

　家が土の中から生えてくるというおもしろさが楽しいお話です。子どもと一緒に想像を広げながら見ることができます。

5歳児クラスに入ってみて
―― 大吾は当番活動や子どもの自主性に触れて驚きました。

　全身を使った遊び、集団遊び、ルールのある知的な遊びを好むようなります。生活の流れがほぼわかり、排泄、食事、着脱など自主的に行動するようになってきます。仲間意識が高まり、仲間と一緒に遊びやルールを作って楽しんでいく姿も見られます。トラブルが起こると、自分たちで解決しようと、話し合ったり考えたりする思考力や判断力もできてきますが、子どもに任せきりにならないよう、見守ることや声をかけていくことが大切です。

| やってみよう！　手遊び |

　　　　　　　おてらのおしょうさん　　　作詞・作曲：不明（わらべうた）

　　　　　二人組で「せっせっせのよいよいよい」で始める

おてらのおしょうさんがカボチャのたねをまきました
　　　　　　　　　　　　　　　（二人で向かい合い交互に手をたたく）
めがでて、　　　　　　　（手を合わせる）
ふくらんで、　　　　　　（手のひらを膨らませる）
はながさいて、　　　　　（花のように開く）
かれちゃって、　　　　　（手の甲を合わせる）
にんぽうつかって　　　　（人差し指を握り、握った手の人差し指を立てる）
そらとんで　　　　　　　（両手を脇で鳥のように羽ばたかせる）
とうきょうタワー　　　　（両手を伸ばし頭の上で手のひらを合わせる）
にぶつかって　　　　　　（片手をぱーにし、ぐーにした手をぶつける）
ぐるりとまわって　　　　（両方の手をぐーにしてぐるぐる回転）
じゃんけんポン！　　　　（じゃんけんをする）

・・・・・・・・・・・・・・・・・・・・・・・・・・・・・・Book

作：トミー・アンゲラー　訳：今江祥智
『すてきな三にんぐみ』偕成社　1969年

　3人組のどろぼうという少し怖い雰囲気から後半は良い3人組に変わり、わくわくの世界が広がっていきます。ちょっぴり怖いからわくわく感に変化していく物語を子どもたちと共感できます。

実習巡回指導（養成校の教員の指導を受ける）

　保育所実習においては、必ず養成校の教員が保育所を巡回し、実習指導を行うことになっています。教員が巡回実習指導を行うことで、学生がどのように実習を行っているか、実習で困ったり、悩んだりしていないかについて、学生の実習状況を把握できるように図っています。そのため実習中は多くの場合、養成校の教員との面会がもたれます。その際には、実習園の担任保育士には相談しにくいことや、不安に感じていること、毎日の実習の様子などを話して、その後の保育所実習に有効に活用していきましょう。

巡回実習指導の教員と実習前に顔合わせをしておきましょう。

　実習中、園の先生が「学校の先生が来ているので、保育を抜けてお話してきてください」とせっかく時間を設けてくださっても、「その先生とは会ったことはないので…」や「別に話すことないです」という学生がいます。巡回指導は養成教育にかかわる全教員で行うので、面識のない教員が担当することもあります。巡回指導の教員の役割は、学生がどのような状況で実習をしているか把握し助言することです。実習の前に巡回指導の担当教員と顔を合わせ、自分の実習に対する考えや実習の課題などを話すことが必要です。

教員との面会では何を話せばよいでしょう。

　配属されているクラスや実習の方法、実習生として自分のやっていることや健康体調面について話します。実習を行っていて感じる不安や迷いなどの相談や、実習での失敗やうまくいったことなどを話すのもよいでしょう。

　実習園から養成校の教員に、学生の実習状況が話されます。教員はそれらの話を実習生に伝える橋渡しをしてくれます。教員という第三者から話を聞くことで、自分の実習についてとらえ直したり振り返ったりして反省する機会にできるとよいでしょう。

教員との面会をターニングポイントにしましょう。

　実習中、実習園の保育が自分に合わない、考えが違う、保育士との人間関係が難しいなど、いろいろなことを感じて落ち込んだり、考え込んだりする学生もいるでしょう。実習はあくまでも勉強であり、資格を取るためには通らなければならない道で、ある程度の我慢が必要です。しかし、それが理由で実習への意欲を失ってしまうのは、せっかくの資格取得の機会を逸することになってしまいます。巡回指導の面会の際に、実習での問題について、教員に自分の気持ちや考えを話してみましょう。話すことで少しは気持ちが楽になります。教員に話を聞いてもらうことや、励まされたり、共感されたりすることで、自分の気持ちを立て直すきっかけにできるとよいでしょう。

保育実習の反省会を振り返って

　実習期間は普段とは異なる環境の中で毎日を過ごすため、さまざまな悩みが出てきます。特に、初めての実習ではわからないことも多く、毎日が不安でいっぱいです。相談したいこと、聞いてみたいことが出てきても、こんな質問をしてよいのだろうか、という気持ちから、なかなか園の先生に話すことができずにいました。このようにたくさんの不安や悩みを抱える中で、巡回指導に来てくださる短大の先生の存在は私の心の支えとなっていました。わからないことを園の先生に質問をする前に巡回指導の先生に相談することによって、心にゆとりができます。また、「Aちゃん、子ども達の前で一生懸命絵本読んでいたよ」、「Bちゃん、元気に実習していたよ」など、他の園で実習をしている友達の話を聞くことでみんなも不安でいっぱいの中実習を頑張っていると気づかされ、気持ちが楽になりました。悩みや困っていることはどのようなことでも巡回指導の先生に相談し、不安なく実習を終えることができたと思っています。

《短大2年女子　T. N.》

健康管理

　実習中は、日誌や指導案などの書き入れや翌日の準備に時間がかかってしまうことによる寝不足、日中保育での緊張の連続などから思わぬ体調不良を引き起こすことがあります。また、子どもたちに流行している風邪などの感染症をもらってしまうこともしばしばあります。実習に入る前から、規則正しい生活を心がけ、免疫力を高めて元気に実習ができるようにしておきましょう。子どもたちは、元気のない先生よりも元気いっぱいの先生の方が好きです。しかし、どうしても具合が悪い時には無理をせずに欠席してください。無理をして長引かせたり、子どもにうつしたりすることは絶対に避けましょう。

実習前から心がけましょう。

　実習が始まってから体調管理を心がけるのではなく、実習が始まる1～2週間前から早寝早起き・十分な栄養の摂取・手洗いうがいなどをしっかり行っておくことが必要です。インフルエンザが流行している時期に実習があるならば、予防接種をしましょう。また、実習中に歯が痛くなってしまうとつらいですので、歯の治療を計画的にしておくことをお勧めします。コンタクトレンズのトラブルや花粉症なども対策を考えておくとよいでしょう。

体調が悪くなってしまった時は
きちんと伝えましょう。

　実習中に体調が悪くなった場合は、無理をせず早退・欠席させていただきましょう。実習先の先生方に「どうしたの?」と聞かれるまで待ったり、「熱がありますが頑張ります」と無理をしたりするようなことをしてはいけません。体調が悪い時には、「体調が悪いので昼で帰らせてください」など、自分からきちんと伝えましょう。

はじめての実習（Ⅰ期実習） Chap.2

タイムスケジュールを決めましょう。

　自分に合う1日のスケジュールを決めておくとよいでしょう。睡眠時間は必ず6時間程度はとるように心がけます。日誌など書きものは「○時間で書く」、「○時までに終わらせる」などと決めて書きましょう。睡眠をしっかり取ることは元気に実習をする源です。朝型の人は、夜早く寝て早起きし、日誌を書くなどの準備をするのもよいでしょう。実習は体力勝負です！　自分に合ったタイムスケジュールを決め、生活リズムを守り、体調管理をしていきましょう。

□千春のタイムスケジュール

乳幼児に起こりやすい感染症について知っておきましょう。

　集団生活において乳幼児のかかりやすい病気のほとんどは感染症です。感染症は免疫力が落ちていれば大人もうつるので気をつけましょう。

時期	感染症名	主な症状
冬から春	感染性胃腸炎（ロタウイルス、ノロウイルス）	発熱、吐き気・嘔吐、下痢
	インフルエンザ	高熱、咽の痛み、鼻汁、頭痛
	RSウイルス感染症	発熱、鼻汁、咳、喘鳴
	水痘（水ぼうそう）	身体への発疹、発熱
	A群溶血性レンサ球菌咽頭炎	発熱、咽頭痛、嘔吐、悪心、腹痛
夏から秋	溶連菌感染症	発熱、咳、咽頭粘膜の赤みや痛み
	手足口病	手の平、足の裏、口内粘膜に水疱
	ヘルパンギーナ	発熱、口内粘膜に水疱
	プール熱（咽頭結膜熱）	発熱、咽の痛み、結膜炎
	頭しらみ	頭皮のかゆみ、髪の毛に卵の付着

部分実習を計画実施する
（部分指導案の作成）

　実習園と相談した上で、可能であればⅠ期実習時に部分実習の体験をしておくと良いでしょう。次の実習では、責任実習（1日の保育を担当すること）が課題となります。今回の実習で子どもの前に立つことに少しずつ慣れておくことが大事です。ここで行う部分実習は、1日の保育の中の一部分の活動を担当する実習のことです。部分指導案はその中の一部分の活動を記す指導案です。部分実習を実施する前に、手遊びや絵本の読み聞かせなどは毎日の実習の中で経験しておく必要があります。園の事情や実習の進め方によって異なりますので、どのように行うかは必ず担任保育士に相談してください。
　指導案は、子どもが充実した保育活動をしていくためにねらいや内容を考え、子どもの活動を予想し、それに沿って環境構成や保育者の援助・配慮を示して活動の見通しを書き出したものです。

指導案作成の流れをつかんでおきましょう。

①作成前の注意事項
・園の方針や特徴を把握（はあく）しておきましょう。
・園には保育課程に基（もと）づいた年間計画、期、月、週の指導計画があることを理解しておきましょう。
・担当するクラスの生活や活動の流れを把握しておきましょう。
・子どもの興味や関心の方向性や発達の状況など、クラスの状況をよく観察しておきましょう。
・担当するクラスの担任保育士の先生と活動内容をよく相談しましょう。

②作成の手順
・子どもの姿：担当するクラスの子どもの興味や関心、発達の状況などを書きます。
・ねらい：子どもの姿を基に実習生が行う活動に対するねらいを書きます。

- 内　容：ねらいを達成するための活動の内容を書きます。
- 時　間：活動の時間を予測して書きます。
- 環境構成：活動する場の環境図や子どもと保育士の位置・準備する物・遊びの手順などを書きます。
- 予想される子どもの活動：時間に合わせた子どもの活動を予想して書きます。
- 保育者の援助・配慮：活動に応じた援助や配慮を書きます。活動の導入・展開・まとめも考えて書きます。

＊誤字・脱字がないか確認しましょう。

③実践・評価

　指導案を作成したら、実践する前に担任保育士に提出しましょう。保育士からの指導があればすぐに修正して実践に備えます。実践後は、うまくいった点、うまくいかなかった点を出し、どうするべきであったか、今後それをどのように活かしていくかを書き出しましょう。

　＊指導案作成の流れは責任実習の指導案を作成する場合も同様です。

部分指導案作成の考え方を理解しましょう。

　部分実習の指導案で示す内容は、自分が担当する15～60分程度の短時間の活動です。その短時間の活動の中で、導入・展開・まとめを丁寧（ていねい）に示します。導入は、子どもがその活動に興味を抱き、やってみたい気持ちを高めていくよう考えます。展開は、活動内容の中心となる部分です。まとめは、活動の楽しかったことを共有して終わることができるようにします。その中におおまかな子どもへの声かけやそのタイミング、自分や子どもの位置を含め、活動の進め方を細かく示していきます。

実習指導案

平成○○年○月○日（○曜日）実施　2歳児　計11名　おはな組　氏名　神田　千春

子どもの姿	ねらい
音楽が好きな子が多く、歌を歌うことや手遊びを楽しんでいる。友達と一緒に同じことをすることを喜んでいる。排泄後にトイレで遊んでしまう子がいる。	歌に合わせて、実習生と一緒に声を出したり、手を動かしたりすることを楽しむ。
	内容
	「おはながわらった」の歌に合わせて、歌ったり手を動かしたりして遊ぶ。

時間	環境構成	予想される子どもの活動	保育士の援助・配慮点
10:30 10:35 10:40 10:50	片づけが終わり、排泄に行っている状態 （図：ロッカー、保育士、子ども、実習生の配置） 準備物 ・CD（おはながわらった） ・CDプレーヤー ・手袋人形（おはながわらった）2個	・排泄を済ませた子どもたちが保育室に戻ってくる。 ・「何をするの？」と実習生に聞く。 ・うろうろ動き回る子がいる。 ・実習生の声を聞いて側に来る子がいる。 ・音楽を聴いて、実習生の周りに集まり始める。 ・実習生のしていることをじっと見る。 ・「一緒にやりたい」と言う。 ・まだ側に来ない子がいる。 ・「もう一度やる」と言う。 ・実習生の話を聞く。	・排泄を済ませた子に保育室に戻るように声をかける。まだトイレの中にいる子の様子を見守り確認する。 ・実習生と一緒に遊ぶことを伝える。全員が戻ってきているか人数の確認をする。みんなが戻って来るまで話をして待つ。 ・「こんなところにお花があるよ」といいながらおはながわらったの手袋人形を見せる。 ・音楽をかける（保育士に依頼）。 ・集まってきた子どもの中心に座り、手を動かしながら音楽に合わせる。その時、子ども一人ひとりを見るようにする。 ・子どもたちに手を広げて花の形をしてみるように伝える。 ・側に来ない子には花を見せて、来るように声をかけていく。 ・全員でもう一度行う。 ・みんなで楽しく遊んだことを喜びあう。 ・今日で実習が終了することを伝える。
反省・評価	排泄を見届けるのに時間がかかり、始めた時間が5分遅れた。全員を見ながら行うのが難しく、側に来る子や声かけが多い子の方を向くことが多くなってしまった。全体に気を配りながら実践していけるよう、視野を広くしていくことを努力していきたい。		

はじめての実習（Ⅰ期実習） Chap. 2

実践して、学ぶことばかり

　Ⅰ期の実習時、2歳児クラスで初めて子どもたちの前で絵本を読んだり、手遊びをしたりするとさまざまな反応が返ってきた。見えないと言う子、立ち上がって前まで来てしまう子、手遊びをやりたがらない子……私は、手遊びと絵本で必死になってしまい、子どもの反応に対して適切に対応できなかったことを覚えている。

　4歳児クラスで行った2度目の部分実習では、絵本を読み始める前、席から立たないことを約束することから始めた。2歳児クラスでは子どもたちに近くに集まってもらったので、やさしく語りかけるように読んでいたが、4歳児クラスでは机と椅子がある中なので、後ろまで聞こえるように大きな声で読むよう指導を受けた。環境設定や子どもたちの年齢が違えば、対応や進め方も全く変わることを学んだ。今となっては初歩的なことだと思えるが、当時は実践し、指導を受けて気がつくことばかりだった。

《専門学校2年女子　A. H.》

保育者が中心となって

　私が実施した部分実習は、朝の集まり、午睡前の時間など、20分程です。

　朝の集まりの際は、ピアノ演奏、出欠確認などを園で行っている流れや言い回しで実施しました。ピアノでは途中演奏が止まってしまい、私の戸惑いや緊張が子どもたちに伝わることもありましたが、子どもたちはその場に合わせて応じてくれました。午睡前の時間は、手遊びや読み聞かせを行いました。知っている手遊びはもちろん、知らないものであっても何度か繰り返すうちに子どもたちも覚え、一緒に楽しむことができました。

　初めは失敗することも多く、子どもたちの反応に応じながら進めていくことが難しかったです。しかし、子どもたちの反応全てを聞き入れることは困難だからこそ、保育者が中心となり楽しく進めていくことが大切だと学びました。そのことで、子どもたちは自然とついてくるということを学びました。

《専門学校2年女子　S. M.》

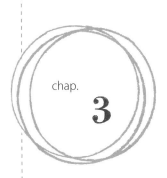

chap. 3

はじめての実習（Ⅰ期実習）と
2回目の実習（Ⅱ期実習）の間に

日誌の受け取りとお礼状

　実習終了後、実習日誌に実習全体の反省会や実習の振り返りを記録して保育園に提出します。その際、実習日誌を読み返し、表紙、園の概要、環境図、日々の記録、指導案、反省会の記録などの書き落としや誤字脱字などがないか再確認してください。実習の最終日に、実習日誌の提出の日時と返却される際に受け取りに行く日時を実習園と相談しておくとよいでしょう。実習日誌を提出した後に、忘れずに実習のお礼状を書いてください。お礼状は、実習生一人ひとりが、封書で送ります。内容は、実習をさせていただいた感謝の気持ちと一緒に、実習中の楽しかったエピソードなどを記しましょう。

お礼状の基本的な
ルールを知りましょう。

①お礼状は、実習終了後、実習日誌を提出して1週間以内に園長先生宛に出しましょう。
②実習生一人ひとりが手書きで心をこめて書きましょう。
③白無地の便箋と封筒を使いましょう。
④誤字・脱字やくせ字にならないよう気をつけましょう。
⑤実習のエピソードなどを加え、自分の文章をつづりましょう。
　※子どもへのメッセージを入れる場合は別紙に書きましょう。

封筒の書き方の見本

手紙の封入のしかた

①右頁の手紙のように、谷折り①、谷折り②の順に折って、三つ折りにしましょう。

②書き出し部分が上に来るように、また手紙の上部が封筒の裏から見て右側になるように封入します。

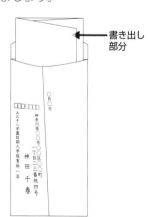

書き出し部分

文例

拝啓　春の風が快い季節となりました。保育園の先生方におかれましては卒園・進級のご準備でお忙しくお過ごしのことと拝察いたします。

園長先生はじめ、多くの先生方より丁寧なご指導と暖かい励ましのお言葉をいただき、学び多き日々となりました。ありがとうございました。そのお言葉を胸に、養成校にて日々学びを深めるよう頑張っております。

今回の実習で一番の学びは、子どもの目線に立ち、一人の人間として子どもと向き合うことの大切さを知ることができたことです。私は実習中、一人の子どもから嫌われていると思い込み、落ち込んだ毎日を送っていました。しかし、最後の日に「大好き」と言ってもらえました。今まで私はどこかで、子どもに何かを指導することが保育士の仕事だと思い込んでいましたが、そうではなく、子どもの気持ちに添って支援し、気持ちを共有する中で物事を伝えていくことが大事だということを感じることができました。また、先生方が明るく楽しそうに子どもと過ごしている姿を拝見し、保育士になりたいという思いが一層深くなりました。

まだまだ未熟ではございますが、今回の実習での貴重な経験を大事にして、学校での学びを深めてⅡ期の実習に向け課題を掲げて邁進したいと思います。先生方より心のこもったご指導を賜りましたこと、取り急ぎお礼を申し上げたくお便りいたしました。本当にありがとうございました。心より感謝申し上げます。

敬具

平成○○年○月○日

あおぞら学園短期大学保育科一年　神田　千春

欅の木保育園
欅　洋子園長先生

1. 季節の挨拶
2. 実習指導への感謝のことば
3. 感動したことやエピソード
4. 今後の抱負
5. 結びのことば

頭語／結語

実習の自己評価をし、実習園からの評価を知る

　実習が終了し養成校に戻ったら、実習の振り返りをするために自己評価をします。さまざまな視点に基づいて、自分の実習を思い出しながら点数化や文章化をしていきます。また、実習園から養成校に実習の評価表が戻ってきます。評価表には実習生に対する実習園からの評価が記されます。その評価を謙虚に受け止める姿勢をもつことが今後の学びにつながることを覚えておいてください。

評価を知り、仲間と実習の共有化をしましょう。

　自己評価と実習園からの評価を突き合わせて、自分の良かった点、足りなかった点、改善するべき点などを知りましょう。それらが終了したら、養成校の仲間と、それぞれの実習園の情報交換や印象に残った自分の実習のことなどを話します。仲間に伝えようとすることで内容を整理し、実習のまとめもできます。さらに、仲間の話を聞いて同じような体験に対して共感したり、比較したりすることで実習における自分なりの基準ができてくることが大事な学びなのです。それらは今後の自己課題の明確化につながっていきます。

自己評価をする時のポイント

　実習終了後、思い描いていた理想の保育と現実の保育との違いに落ち込むことがあるかもしれません。また、自分の力不足や準備不足にがっかりするかもしれません。しかし、それも含めて学びや気づきと考えましょう。失敗することも大事な経験です。その経験を十分に振り返って反省し、次に活かしていくことが必要です。そして、うまくできたことや褒められたことは自信につなげていってください。それぞれの評価項目に対し、客観的な目線で評価することが大切です。

はじめての実習（Ⅰ期実習）と2回目の実習（Ⅱ期実習）の間に　Chap.3

□ 自己評価表

保育所実習Ⅰ期自己評価表

ふりがな	かんだ　ちはる	所属	保育科2年A組25番
氏名	神田 千春	生年月日	昭和　平成（○）　○年　○月　○○日
保育所名	ケヤキの木保育園	実習期間	自　平成○○年　○月　○日 至　平成○○年　○月　○日

評価項目	評価の内容	評価	自己の気づき
1. 勤務態度	実習生として適切な勤務態度であったか	Ⓐ B C D	早寝早起きを心がけ、遅刻をしないことや体調不良に気をつけた。
2. 実習態度	向上心をもって日々の実習に臨めたか	A Ⓑ C D	さまざまなことを学ぼうと見たり聞いたり努力した。
3. 子ども観察・理解	子どもの観察を十分にし、その理解に励んだか	Ⓐ B C D	子どもの遊びや言葉をよく見て学ぼうとした。
4. 援助活動	保育に参加し、子どもへの援助や配慮を考慮したか	A B Ⓒ D	子どもの前では緊張してしまい失敗も多かった。
5. 実習日誌の記録	保育の経過観察、学び、考察を記載したか	Ⓐ B C D	自分なりに学びや考察は丁寧にできた。
6. 保育技術と計画	指導案立案、準備、実践、反省が十分だったか	A Ⓑ C D	準備不足があった。反省をして次につなげていきたい。
7. 保育士の資質	保育士としての仕事を理解し行動したか	A B Ⓒ D	さまざまな仕事の事を知ったが行動が伴わなかった。
8. 総合評価	保育士との良好な関係を保てたか、保育所の役割の理解ができたか、他	A Ⓑ C D	保育士の方の毎日の行動や連携の仕方など具体的に知ることができた。
実習課題に対する反省と評価	保育園の1日の流れ、特徴を知る→おおまかに知ることができた。子どもの年齢に応じた遊び方、遊びの違いを知る→観察をしていく中で感じ取ることができた。保育士の仕事を知る→さまざまな仕事があることを学んだが、実践できないことが多かった。		
実習中うまくできたこと、または褒められたこと	実習が始まった当初は、日誌にまとめて書くことができなかったが、徐々にまとめて書くことができるようになった。園の先生からも丁寧にまとめてあるとのお言葉をいただいた。		
実習中失敗したこと、またはご指導いただいたこと	家事の大切さを痛感した。あまり家で家事をすることがなかったので、洗濯機の使い方がわからず失敗してしまった。他にも場所や時間に応じた掃除の仕方や調理に関することなどたくさんのご指導をいただいた。		
今後に向けての自己課題	①保育実技の充実と実践の仕方を学ぶ。 ②日常生活の中で家事をし、身につける。 ③子ども全体を見ながら個別に見ていく方法を学ぶ。		

3 責任実習の指導案の作成方法を知る

　2回目の実習では全日の責任実習の実施が大きな課題となります。責任実習は、乳幼児の発達や集団の特徴、環境構成と援助の在り方を踏まえ、子どもの個性や気持ちを理解した上で、指導案を作成し、保育活動の実践をしていくことを学びます。担任保育士と同じように、朝の受け入れから子どもたちの降園までの1日の保育を担当します。それを実践するために計画を立案し事前準備を整えておかなくてはなりません。実習が始まる前に一度、全日の責任実習指導案の作成方法を学び、立案してみましょう。

責任実習指導案作成の考え方を理解しましょう。

　責任実習の指導案の内容は、1日の保育の流れに沿ったすべての活動になります。ここで重要なことは、1日の保育の流れに沿って、活動を省略することなく示すことです。部分指導案と異なり、生活習慣（排泄、手洗い、食事、睡眠、着替え、身支度など）や登園・降園・集まり・片づけなど、遊びだけではない活動も丁寧に示す必要があります。その一つずつの活動の時間を踏まえ、声かけや援助・配慮を考え、1日が途切れることなく進められるよう計画します。1回目の実習を参考に、1日の流れを組み立ててみましょう。

友達同士で練習するとよいでしょう。

　指導案の立案ができたら、一度見直しをしてください。その後、友だち同士で見せ合い、模擬実習をしてみましょう。実際に行ってみることで、事前に準備しなくてはならない教材や説明する言葉などを具体的に考えることができます。また、友達の模擬実習の子ども役をしてみることで、子どもの目線や子どもの気持ちを模擬体験することができるでしょう。

Chap. 3 はじめての実習（Ⅰ期実習）と2回目の実習（Ⅱ期実習）の間に

責任実習の指導案作成のポイントをつかんでおきましょう。

記入にあたって、下の各欄（かくらん）のようなポイントを頭において書きましょう。

※第2章§8（p.90～93）も参考にしながら実際に立案してみましょう。

平成○○年○月○日(○曜日) 実施　○歳児　計○○名　○○組　　氏名　○○　○○

子どもの姿	ねらい
①子どもたちがどのような遊びに興味や関心をもっているのか示しましょう。 ②人とのかかわりや友達関係がどうなっているのか示しましょう。 ③生活習慣はどの程度自立しているのか示しましょう。	子どもの姿をよく踏まえた上で、子どもに体験してほしい願いを表現しましょう。
	内容
	①ねらいを実現させるための具体的な活動を示しましょう。 ②子どもが興味や関心をもっていることを基本としましょう。

時間	環境構成	予想される子どもの活動	保育士の援助・配慮点
1日の生活の流れに沿って、活動を進める目安としての時間をそれぞれ示しましょう。	①活動に必要な場（空間）の環境図を示しましょう。 ②準備する教材や道具について数量等も含めて示しましょう。 ③実習生や保育士の立ち位置や、子どもの位置を示しましょう。 ④活動の内容（絵本や手遊びのタイトルや内容、ゲームや製作などの遊び方や製作方法など）を図や絵も取り入れて示しましょう。	①子どもの姿、ねらい、内容から子どもの活動を予想して示しましょう。 ②活動に対し、実習生が願う子どもの多様な反応を予想して示しましょう。 ③生活習慣（排泄、手洗い、食事、睡眠、着替え、身支度）や登園・降園・集まり・片づけなど毎日繰り返しの活動を示しましょう。	①活動に対しての興味を高め、動機づけし、活動のイメージの共有ができるように導入を考えて示しましょう。 ②実際に活動が進められるように、遊び方の説明や教材の配布や子どもの様子に応じた援助や配慮を考え、活動の展開を示しましょう。 ③今日の活動が楽しく行えたことを喜びあう気持ちをもち、子どもの行為を認めながら活動を終われるようなまとめを考えて示しましょう。 ④生活習慣（排泄、手洗い、食事、睡眠、着替え、身支度）や登園・降園・集まり・片づけなど、毎日の繰り返しの活動の援助や配慮を、生活が途切れないように考えて示しましょう。

反省・評価	①立案に対する考え方や方法について反省したことを示しましょう。 ②立案時の子どもの実態の把握やそれに沿ったねらいや内容が考えられていたかを振り返りましょう。 ③時間設定や環境構成に無理はなかったか、事前準備はできていたかについて反省したことを示しましょう。 ④活動の導入・展開・まとめはどうであったかを振り返りましょう。 ⑤子どもの活動の予想や援助・配慮の考え方は適切であったかを振り返りましょう。 ⑥今後につなげていけるような、前向きな反省や考えを示しましょう。

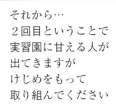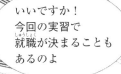

Ⅱ期実習までの流れ

　いよいよ２回目の実習が始まります。今回の実習は責任実習で、保育指導の体験をすることが大きな課題です。指導案の立案や事前準備などは一層大変になり、気持ちも重くなりがちですが、怖がるばかりではなく、練習させてもらえるチャンスだと思ってしっかり準備を整えて取り組んでいきましょう。Ⅰ期実習と同様、健康診断書や細菌検査書を忘れずに用意してください。オリエンテーションは２回目なので省略する園もありますが、基本的には行われます。Ⅱ期実習までの流れは事務的には変わりませんが、部分実習や責任実習に向けて、その準備について相談しておく必要があります。

オリエンテーションで相談しておきましょう。

　実習日程の計画を相談しましょう。部分実習や責任実習の実施クラスや日にちを伺います。希望を聞かれることもありますので、自分が実践したい年齢やクラスを考えておき、答えられるようにしておくとよいでしょう。実習園で貸したい教材（紙芝居、製作の材料、ゲームなどで使用する道具など）がある場合は伺っておきましょう。また、実習園からピアノなどの課題がある場合はしっかり練習しなければなりません。実習に行く時期（季節）がⅠ期とは異なりますので、そのことも頭に入れて確認しましょう。例えば、夏季なら水着や水筒など、持ち物に違いがあるかもしれません。

実習までに準備しておきましょう。

　実習が始まる前に指導案の下案の用意、教材準備、具体的な進め方の練習をして準備を整えください。オリエンテーションで部分実習や責任実習に必要なことが決まったら、さっそく指導案を作成するなど、具体的に事前準備をして実習に備えましょう。決まっていない場合も自分なりにイメージし、

絵本や紙芝居、手遊び、部分実習や責任実習で考えている遊びの教材選びや教材準備や練習など、できるかぎりの準備をしておきましょう。考えていた遊びや案が受け入れられないこともあるでしょう。代替案も考えておいてください。実習に備えて、オリエンテーションで理解したことは、すぐに実習日誌に記録しておきましょう。

　また、実習園から実習前にお泊まり保育やお祭りなど、行事のボランティアやアルバイトを依頼された場合、養成校の授業などに差し障りがないか確認した上で積極的に参加することは、実習への準備となるでしょう。

十分な事前準備と合わせて心構えを整えましょう。

　オリエンテーションが終わると実習に向けての緊張感が一気に高まりますね。部分実習や責任実習は指導や支援などについての考えをまとめて進めていく実践的な練習の場です。うまくいったら自信につながり、良い体験となります。しかし、うまくいかなくても落ち込むことはありません。子どもに危険や不利益が及ぶことがない限り、失敗しても大きな問題ではありません。今は練習の時と思って前向きに取り組みましょう。大切なことは、それらを反省してどのように次への糧としてつなげていくかです。うまくいく・いかないよりも、まずは十分に事前準備や練習をして、イメージをもって実践に向かうことが大事です。

chap.
4

2回目の実習（Ⅱ期実習）

そっか〜
子どもたちの
年齢ごとに
できることって
違うんだな

みんなとっても
カッコいいね〜
発表ありがとう

普段の遊びで
得意なことを
見せられて
うれしそう！

では〜みんなで
お誕生日のお祝いの歌と
カードをプレゼント
しましょう！

わぁ〜お誕生日の子は
本当にうれしそう

さあ〜お次は
みんなのお楽しみ
「三匹の子ブタ」の
劇のはじまり〜

見てる子も目を
きらきらさせてる
みんなでお祝いして
大きくなったことを
喜びあうって
ステキだな〜

お〜先生たち
すげ〜演技力！
忙しいのに
いったいいつ
練習してたんだ？

保育準備の大切さを知る

　実習に行くと、さまざまな保育準備を手伝う機会があります。保育準備とは、子どもたちの保育を行う上で必要な環境（物や場所）を準備し調えることです。それは日々の保育の教材や行事で使用するもの、教材研究などで試行錯誤しながら作り上げるもの、練習の必要なものなど、子どもの年齢発達や興味・関心、時期や環境に応じて行う幅の広いものです。保育園では、保育を先々まで見通して計画的に保育準備をしていきます。細かい作業や単純作業もあれば大きなものの作成もあり、保育士は子どもの午睡時間や降園後などの時間を有効に使って保育準備を行っています。子どもとかかわるだけが実習と思わず、保育士の仕事をできるだけ多く経験してみましょう。

保育準備は
保育士の大切な仕事です。

　保育準備をすることは、保育士にとってとても大変な仕事です。保育準備はとても幅が広く、また、一つ終わるとまた新たな次の準備が出てくるので、終わりのない仕事といえます。しかしこれをきちんとしておくことが、次の活動を慌てることなく子どもたちと楽しんでいくために、とても重要になります。保育準備には次のようなものがあります。

①日々の保育の準備
・指導計画立案や前日の保育の反省評価をする。
・遊びや生活で必要な材料を揃えたり製作したりする。
・製作物などの見本を製作したり確認したりする。
・季節や活動に応じた絵本や紙芝居などを準備する。
・活動に必要な運動用具や器具の確認と準備をする。
・手遊びや遊戯の振り付けの確認や練習をする。
・ピアノや楽器・歌の練習をする。
・児童表や個人記録の記入、クラスだよりなどの作成をする。

②環境の準備

・掃除や片づけをし、明日の保育ができるように保育室を整える。
・玩具の用意や入れ替え（時期や発達に応じて）をする。
・玩具や用具の手入れ（清掃・消毒・修理）をする。
・季節に応じた保育室の装飾や模様替えをする。
・子どもたちの作った製作物などを展示する。
・遊具や道具・玩具の安全点検をする。
・植物や動物の世話をする。

③行事の準備

・計画立案や打ち合わせをする。
・出し物の練習や必要な物を製作する。
・配布物（カードやプレゼント、クラスだよりなど）を作成する。

実習で学んだ保育準備

　保育実習では、子どもたちが午睡をしている時間に保育教材のお手伝いを頼まれることがありました。私は、オペレッタ（劇遊び）で使う武器作りとして牛乳パックをハサミで切り抜く作業や、子どもが描いた画用紙の絵を絵本の冊子にするために、裏面に貼ってある両面テープを絵の順番になるよう貼り付ける作業を頼まれてお手伝いしました。私は左利きですが左利き用のハサミを準備していなくて最初は困りました。中には作るのが難しい物もありましたが、保育者から作業の仕方や作業をする時に配慮する点、アドバイス等をいただけました。

　教材準備の手伝いをさせていただくことは、「こんな作り方もあるんだ」という新しい学びや今後の参考になるので、メモをしておくとよいです。また、保育者から直接「お願いしてもいい？」と頼まれることもありますが、実習生から「何かお手伝いすることはありますか？」と率先して声をかけてみるといいと思います。わからないことは自分で判断せず、必ず保育者に相談することも大切です。

《短大2年女子　H. M.》

保護者対応を知る

　現代社会は考え方や個性が多様化しているといわれています。一人ひとりの人がさまざまな考えをもって生活しています。また、文化や風習の異なる外国の方も多くなっています。保育の現場でも、同様にさまざまな考えや異文化をもった保護者が増え、保護者対応も一様ではなくなってきています。家族や自分の病気、経済問題、虐待の問題、言葉の不理解などさまざまな家庭の背景も見え隠れしている中で、保護者対応を難しいと考える保育士も珍しくありません。実習において学ぶ保護者対応は、実際に対応してみるのではなく、対応の様子や連絡方法などを見て学ぶとよいでしょう。また、保育所として行っているさまざまな保護者支援の部分にも目を向けると学びが広がります。

保護者対応について知りましょう。

①登園・降園時間の対応方法
　保育士が保護者にどのように声をかけているのかを見ましょう。挨拶の仕方、声や表情、保護者の話の聞き方や答え方、園側からの話などに目や耳を向けるとよいでしょう。

②連絡帳を通した対応方法
　ほとんどの園で、家庭と園で連絡帳の交換をしています。朝の登園時に預かった連絡帳をいつ見るのか、どういう時間を使って書いているのか、内容は何を書くのか、連絡帳を使わない場合の連絡方法、連絡帳を家庭に返す方法について、保育士の仕事を見たり実際に話を聞いたりしてみましょう。

③連絡用ボードや展示・おたよりを通した対応方法
　1日の遊びをボードに記入したり、給食のサンプルや写真の展示などしたりして1日の保育について保護者に伝えています。ボード記入のタイミングや内容を把握しておきましょう。

また、園全体（園だより・保健だより・給食だより、外国の方向けだよりなど）、クラス（クラスだより）で一斉に連絡するためにおたよりを活用しています。おたよりで一斉に保護者に伝えたい内容とは何か、月や週といった定期的な配布なのか、またその配布の仕方などに目を向けてみましょう。

④保護者会や個人面談・保育参観などの対応方法

保育の方針などを年度の初めに、保育のまとめを年度の終わりに保護者に話す保護者会や個別に話す個人面談などを行います。また、集団の中で遊ぶ子どもたちを見たり一緒に参加したりする保育参観なども行われます。これらは実施期間が限定されているので、実習中に見られないかもしれませんが、保育士にその内容や実施方法などを伺ってみるとよいでしょう。

＊最近は、インターネット配信で園の様子や保育のことを伝える方法もあります。

岩鬼point！ 保護者対応時に実習生として気をつけること

1 勝手に話しません。

実習生は保護者との話に口をはさんではいけません。さりげなく話す程度にして、立ち入った話になりそうな場合は席をはずしましょう。

2 批判的なとらえ方はしません。

保護者の見た目や話を一度聞いたくらいでは、保護者について本当に理解したとはいえません。善しあしを自分の物差しで判断してはいけません。

3 守秘義務を守りましょう。

保護者は、他の人に聞かれたくない話もしてくることがあります。「うっかり」「むやみに」友人や家族に話してはなりません。

4 信頼関係が大切であることを知りましょう。

保育士は、さまざまな保護者と時間をかけて信頼関係を築いていきます。保護者の今ある状況を理解し、配慮しながら丁寧にかかわることが基本です。日常の挨拶を大切に、子どもを介した話をしています。実習生は、明るい挨拶を心がけながら対応方法を見て学んでいきましょう。

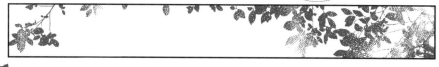

遅番の夕方

さようなら〜

さあ しっかり やるぞぉ！

なるほど 担任の先生と 連絡確認して 遅番の子は みんな一緒に 過ごすのね

今日は千春先生が 遅番してくれるから うれしいね〜

紙芝居 読んでもらおうか？

わ〜い

早く実よなれ 柿のタネ〜

お迎えが来た お友達は先生と 「さよなら」して 帰りましょう〜

パァ

……オヤツの 時間になると 子どもたちも 少なくなるのね

ん？

あーちゃん なぁに？

ママ… 今日も 遅い？

…もうすぐ 来るかな〜 ううん

今日も 遅いよ…

どきっ

早くお家に 帰りたい…

長時間保育の経験をする
（早番保育・遅番保育を行う）

　保育所の保育時間は1日につき8時間を原則とされています。しかし、それぞれの地域における、子どもの保護者の労働時間や通勤時間などを考慮して、8時間以上の保育時間を保育所の長が決めることになっています。都市部においては子どもの保護者の就労形態が多様化してきているので、11～13時間の延長保育を実施する保育所も多くなってきています。1日のほとんどの時間を保育所で過ごさなくてはならない子どもたちの保育は、特に生活リズムや生活習慣、健康衛生、情緒の安定など十分に配慮していかなくてはなりません。また、保護者とは常に連絡が取れるようにし、子どもを中心にして丁寧に連携していく必要があります。

保育所の保護者支援について知りましょう。

- 保護者の仕事と子育ての両立を支援していくために、延長保育（早番・遅番）、夜間保育、休日保育、病児保育、病後児保育などを実施しています。
- 障害や発達上の課題が見られる子どもとその保護者に対して、医療機関、児童発達支援センターなど関係機関との連携や協力、保護者への個別指導を行っています。
- 育児不安をもつ保護者に対しては、個別に対応し、必要に応じて他機関と連携を図り子育ての支援をします。
- 保護者と日ごろから十分にかかわり、保護者と子どもの関係にも心を配ります。そのなかで、虐待の事実や、疑いが認められた場合は児童相談所に通告する義務があり、適切な対応をとらなくてはなりません。
- 外国の方や日本文化以外の背景がある保護者の気持ちをしっかり受け止めなければなりません。

2回目の実習（Ⅱ期実習）　Chap. 4

岩鬼 point!

早番・遅番保育を経験してみましょう。

　早番・遅番保育は通常の保育に比べ、より温かく家庭的な雰囲気の中で行うことが基本です。近年は延長保育人数が多く、なかなか家庭的な環境の構成は難しい現実もありますが、朝の人数が少ない時間帯や夕方の遅い時間帯では、ゆったりと落ち着いた環境の中で丁寧に子どもにかかわることが大事です。異年齢で過ごすので早番・遅番保育ならではの保育の工夫をすることが必要です。補食も家庭的な雰囲気の中で食べられるようにします。早番・遅番保育において、保育士はシフトで交代して勤務します。

□ケヤキの木保育園の早番保育士の仕事

7:00	出勤し、園舎の鍵を開ける。
	出勤簿（タイムカード）に押印し、壁の名札を表に返して着替える。
	各クラスの窓や鍵を開けて、テラス、靴箱の清掃、タオル、台布巾や足拭きなどの洗濯物をたたみ、クラス別にしておく。
	テラスのモップかけ、園庭整備、夏にはプールの水入れなども行う。
7:15	早朝保育で登園する子どもの名簿の確認をし、受け入れの準備をする。
	早朝保育に申請されている子どもを受け入れ、異年齢の保育をする。
8:35	各クラスの保育士が迎えにきたら、保護者からの連絡を伝えて引き渡す。

□ケヤキの木保育園の遅番保育士の仕事

16:50	延長保育の子どもの名簿を用意し、延長保育の準備や遊びの環境を整える。
	各クラスの保育士から子どもについての報告を受け、名簿の確認をする。
	おやつの人数を調理室に報告する。
17:00	設定された環境の中で異年齢の保育をする。
	お迎えに来た保護者に子どもを引き渡す。
18:10	補食が食べられるように設定し、食べる援助をする。
19:00	最終のお迎えの子どもを見送る。
	遅番で使用した保育室を片づけて、戸締りをする。
	着替えをし、名札を裏返して、園舎の鍵を閉める。
19:10	退勤する。

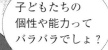

責任実習の相談・作成・指導

　責任実習では実習生が保育士の立場に立って、1日または1日の一定時間、責任を担って保育を行います。その時間を任せると言っても、保育士には保育に対する責任があります。実習生が自分勝手に進められることではないことを理解しておいてください。必ずクラスの担任保育士と相談します。園の教材や道具、遊戯室や園庭を使いたい場合は早めに伝えておきます。

担任保育士と相談をしましょう。

　実習中は日々の日誌もあり、責任実習の準備との両立は大変です。実習前に素案を考えておくと有効です。担任保育士に相談する時には、どのような遊びを通して何を体験させたいのか、活動の内容を具体的に提案できるように、素案を考えておきます。例えば製作を考えたなら、その材料や作り方、遊び方などを紙に書いてまとめます。そして、製作の完成品と一緒に見せましょう。ただし、考えた素案で進められるとは限りません。2案以上考えておくとよいでしょう。責任実習を行う年齢の発達を理解した上で、クラスの子どもの様子、遊びへの興味や友達関係などをよく観察し、おおよそをつかんで考えることが大事です。

計画的に準備をしていきましょう。

　実習が始まったらすぐに担任保育士に素案を見せて相談しましょう。OKが出たら、第3章§3（p.108、109）も参考に実際に指導計画案を立案してください。責任実習を行うクラスの子どもの様子に沿って、1日の生活の流れを確認しながら書き入れていきます。書き上げた指導案は、責任実習を行う2日前までに担任保育士に提出して見ていただきます。指導計画案を書き上げると安心してしまいがちですが、本番はこれからです。指導計画案を確認

しながら教材等を揃え、必要な練習をして責任実習に備えましょう。

クラスの保育の状況をよく知りましょう。

　クラスで行われている保育の流れや考え方を大事にしてください。子どもにとっての保育園生活は、昨日から今日、そして明日へと日々連続しているものです。実習生には勉強のための特別な1日であっても、子どもにとっては昨日から明日へとつながる連続性のある1日なのです。実習生の責任実習によって、子どもの活動が途切れてしまうことのないような計画にしなければなりません。自分の計画に子どもを沿わせるのではなく、子どもの興味や関心、園で行われている保育を大事に考えましょう。

反省点と自信を得た責任実習

　私は2歳児24名のクラスで責任実習をさせていただきました。
　主活動について事前にいくつか案をあげていたのですが、実際にクラスに入ってみると少し合っていないように思え、担任の先生とも相談し、クラスの状況を把握して決めることにしました。クラスの子どもたちは身体を動かすことが好きだということ、ティッシュペーパーなどの身近な素材に興味を示していることがわかり、それらを踏まえ、主活動を新聞遊びにすることを決め指導計画案を提出しました。
　責任実習当日。多くの反省点が残りました。子どもの動きはいくら予想しても足りないこと。また、その予想に基づいてもっと環境を整えておくべきだったことなどです。しかし、先生方にはクラスに合った主活動だったと言っていただき、子どもたちもとても楽しんでいました。責任実習を無事に終えたことは自信につながりました。また、反省点をそのままにせず見つめ直し、今後につなげていきたいと思います。

《専門学校2年女子　M. H.》

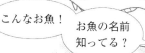

5 千春の考えた責任実習の素案と指導案

　素案を担当保育士と相談しておおむね了承をいただいたら、責任実習指導案を作成しましょう。この指導案は、責任実習の際の基本となるものです。すべてがこの通りにうまくいくとは限りませんが、当日いろいろなことにも対応できるように、子どもの姿を踏まえて、できるだけ詳細ことにも気を使いつつ丁寧に作成しましょう。

一日を見通した指導案を作成しましょう。

　千春の考えた実習素案は下記の通りです。責任実習指導案を書くためには①、②のことばかり書けばよいわけではありません。登園前から始まり、降園（延長保育）まで、子どもの一日の生活を丁寧に見通して作成しましょう。それでは、指導案作成のポイント（3章§3、p.108、109）を見ながら千春の作成した指導案を確認してみましょう。

□千春の書いた実習素案

1案　魚釣り　　　神田千春

①製作について
　製作への導入は魚の手遊びまたは絵カード等を使う。
　画用紙で作った魚を用意しておく。
　クレヨンで魚の色を塗る。
　魚の目のシールを貼る。

②遊び方
　青いビニールシートを敷き、池を用意する。
　釣り竿を配る。
　作った魚を池に入れる。
　釣り竿で魚を釣る。

↓青いビニールシート

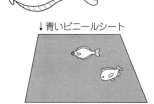

2回目の実習（Ⅱ期実習）　Chap. 4

□ 千春の書いた責任実習指導案

平成〇〇年　9月　7日（水曜日）実施　3歳児　20名　ほし組　　　　　　　　　氏名　神田千春

子どもの姿	ねらい
自分の好きな遊びを選び遊べる子もいるが、誘ってもらうのを待っている子もいる。 絵を描いたり、粘土で形を作ったりが好きである。 友達と身体を動かして遊ぶことも好んで行う。 食事の時、箸を使える子が増えてきている。	色を塗り、作り上げることを楽しむ。 友達と一緒に遊ぶことを楽しむ。
	内容
	画用紙の魚に色を塗って仕上げる。 作った魚を使って皆で魚釣りを行う。

時間	環境構成	予想される子どもの活動	保育士の援助・配慮点
8:30	登園前に室内換気 玩具の設定 （ブロック、積み木、ままごと、絵本、お絵描き） ［ロッカー／積み木／お絵描き／ブロック／絵本／ままごと の配置図］	◎登園、遊び ・元気に登園し保育士や友だちに挨拶する。 ・身支度を行う（かばん、コップ、タオルなどを自分の場所に置く。連絡ノートを出す）。 ・身支度が終えて保育室内の玩具で遊ぶ。	・子ども、保護者の方と笑顔で挨拶を交わす。 ・子どもの様子を見て健康確認する。 ・身支度を手伝い、声をかけていく。 ・子どもの様子を見守り、一緒に遊びに入る。
9:30		◎片づけ、排泄 ・自分の使った玩具を片づける。遊びが続いていて片づけに入れない子もいる。 ・片づけを済ませ、排泄に行く子もいる。 ・排泄に向かい手洗いをする。	・片づけができるようタイミングを見て子どもたちに声をかけていく。片づけられない子の様子を見ながら声をかけ手伝っていく。 ・排泄に行くよう声かけをし、様子も見に行く。手を洗うよう伝える。 ・排泄後はいすに座るよう伝え、全員が揃うのを待つ。
9:45	机といすを並べる ［机・いすの配置図］ 〇子ども ●一実習生	◎集まり ・いすに座って待つ。 ・おはようの歌を元気に歌う。 ・おはようの挨拶をする。 ・名前を呼ばれたら大きな声で返事をする。 ・実習生の話を聞く。	・全員が揃ってからピアノでおはようの歌を弾き歌う。子どもと気持ちを合わせて笑顔で挨拶をする。 ・一人ずつの顔を見ながら出席を取る。 ・今日1日実習生と一緒に過ごすことを話す。
10:00	［ロッカー／製作コーナー／保育士／一実習生 の配置図］ 材料を準備する。 ・製作シートを机（4台分）に敷く ・パネル版 ・パネル人形見本（魚）	◎魚釣り ・魚の手遊びを実習生と一緒に楽しむ。 ・「知ってる」「やりたい」と言う子がいる。 ・魚のパネルシアターを見る。 ・「お魚だ」「〇〇のお魚」と答える。 ・「もっとやりたい」「もっと見る」という子もいる。 ・「お魚作りたい」「やる」という子もいる。	・子どもたちと楽しい気持ちをつくれるよう魚の手遊びを行い、魚の名前をいろいろ変えて楽しんでいく。 ・楽しさを途切らせないようにしながら、手遊びで出てきた魚のパネル人形を出す。名前当てクイズ方式で遊ぶ。 ・興味が途切れないうちに製作の話をして作ってみたい気持ちを盛り上げていく。製作で作る魚の完成品を見せ、見通しがもてるようにする。

時間	環境構成	子どもの活動	実習生の援助と配慮
10:20	・魚型の画用紙 40枚 ・目のシール80枚 ・釣り竿23本(磁石付) ・魚を入れるバッグ23個 ・青い池(ビニールシート) ・魚の完成品(予備として40枚程度) 	・ロッカーのクレヨンを持ってくる。 ・画用紙の魚とシールの目2枚が配られる。 ・魚に目を貼り、色を塗る。 ・「できた」「もっとやりたい」という子と、一つを丁寧に作っている子がいる。 ・2枚目を作る子がいる。 ・できた子はクレヨンを片づける。 ・魚を持って、いすに座って待つ。	・準備としてクレヨンを持ってくるよう伝える。 ・画用紙、シールを配って貼り方や色の塗り方を話す。強制せず、やりたいように見守っていく。全体を見守りながら一人ずつの魚に名前を書く。 ・進まない子には声をかけたり、手伝ったり飽きないようにする。もっとやりたい子には2枚目を配る。 ・クレヨンを片づけるよう声をかける。ビニールシートをセットし魚釣りの準備をする(保育士にお願いする)。
10:45		・釣り竿を手にすると喜んで「早くやりたい」という。 ・池に入らない約束をしてから魚を釣って遊ぶ。 ・「たくさん釣れた」という子がいる。 ・うまく釣れない子もいる。 ・「もっとやりたい」という子と飽きてきている子がいる。 ・釣り竿と魚のバッグを実習生に渡しに来る。 ・片づける	・全員が終わったのを確認し、釣り竿と魚を入れるバッグを配り、遊び方を説明する。魚をビニールシートに置く(保育士にお願いする)。 ・魚を釣って見せ、釣れた魚はバッグの中に入れておくよう伝える。 ・釣れない子には一緒にやってみるなど全員が楽しめるようにする。 ・十分遊び時間を設けてから、子どもの様子を見て楽しい余韻をもったまま終了していく。 ・釣り竿、バッグを集める。
11:15		◎排泄、手洗い ・排泄に行く。 ・手洗いをする。	・使った物を片づけ、排泄と手洗いを促す。 ・排泄、手洗いの様子を見ながら、食事の準備に入るよう整えていく。
11:30	机を拭く ・台拭き5枚 ・配膳台の用意 ・エプロン、三角巾 ・給食を持ってくる ・絵本(『ぐりとぐら』)	◎食事 ・ランチョンマットとコップを用意し、いすに座って絵本を読む。 ・いただきますの挨拶をして食べ始める。 ・おしゃべりが多く、食が進まない子がいる。 ・食べ終わった子からごちそうさまをして片づける。歯磨きや排泄を進める。 ・なかなか食べ終わらない子もいる。	・絵本を読んで待てるようにする。 ・机を拭き、運ばれた給食を配膳する。 ・ランチョンマットやコップの準備ができていない子には声をかけていく。 ・準備ができたら、全員を見回し、いただきますの挨拶をする。 ・食べる様子を見てから、実習生も席に座る。 ・声をかけておいしく食べられるよう雰囲気をつくっていく。 ・片づけをするよう促し、歯磨きや排泄の声をかける。 ・食が進まない子の対応をする。 ・食事の片づけをする。

2回目の実習（Ⅱ期実習）　Chap. 4

時刻	環境構成	子どもの活動	実習生の動き
12:15	カーペット 手遊び（グーチョキパー） 絵本（『三匹のやぎのがらがらどん』）	◎着替え、午睡準備 ・パジャマに着替える。 ・ボタンかけが難しい子もいる。 ・促されてカーペットに座る。 ・手遊びを実習生と一緒に楽しむ。 ・絵本を読んでもらう。	・着替えを見守る。 ・ボタンかけの様子を見る。 ・着替えができたのを見届け、カーペットに座るよう促し、手遊び「グーチョキパー」を行う。3回くらい行う。 ・静かな雰囲気をつくり、絵本『三匹のやぎのがらがらどん』を読む。
13:00	ホールに移動 （午睡中に魚釣りを持ち帰れるようセットする） 机・いす・台拭き用意	◎午睡 ・ホールに移動するため並ぶ。 ・静かに歩いてホールに行く。 ・布団に入る。 ・眠りに入る。	・ホールに移動することと、静かに並ぶよう伝える。先頭に立つ。 ・おやすみなさいの挨拶をして布団に入って眠れるよう子どもの傍につく。
14:40	布団片づけ	◎起床・排泄・着替え ・ぐっすり眠っている子、すでに目覚めている子がいる。 ・目覚めている子は排泄や保育室に移動して着替えを始める。 ・目覚めに時間のかかる子もいる。	・カーテンを開け、徐々に声をかけて起こしていく。 ・起きた子から排泄や着替えの声かけをしていく。 ・起きられない子は傍に行って身体を触るなどする。
15:10	おやつの配膳 （食事と同様に机を配置する）	◎手洗い・おやつ ・着替えが終わった子は手洗いをしていすに座る。 ・いただきますをする。 ・おいしく食べる。 ・ごちそうさまをして片づける。	・着替えの様子を見ながら、手洗いを促していく。 ・配膳をし、全員が座って準備ができたのを確認してからいただきますの挨拶をする。 ・おやつの片づけをする。
15:35	カーペット ロッカー 保育士―実習生 子ども いすに座る ブロック　絵本　ままごと	◎帰りの準備と帰りの会 ・タオル、コップをカバンにしまい、連絡ノートをもらう。 ・準備ができた子からカーペットに座る。 ・実習生の話を聞く。 ・魚釣りのバッグを持ち帰れることを喜ぶ。 ・帰りの挨拶を元気にする。	・連絡ノートを配るので、カバンを持って並ぶよう伝える。一人ずつのカバンの中を確認する。 ・全員が座ったのを確認し、今日の話をする。魚釣りのバッグを一人ずつに手渡し、楽しく遊べたことを喜びあい、明日も皆で遊ぶことを伝える。 ・全体を見回し、帰りの挨拶をする。 ・遊びを見守りながら、迎えの来た子を見送る。
15:50		◎降園	
16:00	玩具の設定（ブロック、ままごと、魚釣りのコーナー）	・延長保育で自由に遊ぶ ・好きな玩具や魚釣りで遊ぶ。	
16:30	遅番室へ移動	◎遅番保育 ・荷物を持って遅番室へ移動する。	・遅番室に移動し、連絡事項を伝える。 ・子どもたちと挨拶を交わす。

6 責任実習の反省会
（自己反省をする・担任や主任保育士から評価をいただく）

　責任実習は緊張の連続だったと思います。無事やりきったという達成感を味わったら忘れないうちに、実践に対する反省及び、評価・改善をしておきましょう。実習園では、責任実習の後には反省会を行います。責任実習は実習期間の後半に実施することが多いので、まとめの反省会と一緒に行われることもあります。いずれにしても園長、主任、担任保育士を交えての講評がなされます。実習生に対してさまざまな視点から助言をしていただけるので、謙虚(けんきょ)な気持ちで受け止めてください。また、自分の反省もしっかり言えるようまとめておくことが大事です。

何を反省すればよいのでしょうか。

　反省するということは、自分の保育の行動や言動を思い起こしうまくいかなかったことを改めたり、うまくいったことを確認したりすることです。うまくいかなかったことに対してなぜ良くなかったかという理由を示し、次にそれをどう改善するのか、さらにそのためには何をしていけば改善につながるのかということを考え、具体的に示していくことです。「○○がうまくいきませんでした。次からはうまくいくよう視野を広げたいと思います。」では、なぜ○○がうまくいかなかったのか、改善するために何をしたら視野が広がるのかということがわかりません。自分のしたことに対して、一つずつ振り返って具体的に考えていくと今後に活きる反省になるはずです。

考えをまとめましょう。

　責任実習の反省は指導案にも記しますが、反省会では、まず1日の保育を担(にな)ってみての感想や気づきをおおまかに伝えます。そして、指導案に基(もと)づいてうまくできたところやうまくいかなかったところを具体的に述べましょう。

数分という限られた時間で話す時には視点を定めて話をしなくてはなりません。以下のことをポイントに反省しましょう。

- 指導案立案時の子どもの実態を的確に把握（はあく）し、それに基づき指導案全体の流れを考えられたか。
- ねらいや内容が、子どもの実態や子どもの興味の方向性及び、年齢的に見てずれがなかったか。
- 時間や環境構成を意識しながら実践が進められたか。
- 遊びや活動の導入・展開・まとめを考えられていたか。
- 子どもの気持ちや行動に添った援助や配慮が行えたか。
- 実際に行ってみての全体的な感想など。

保育士からのアドバイスを大切にしましょう。

　反省会では、担任保育士や責任実習を見てくれた主任や園長から助言や意見、注意点などを伝えてくれます。実習生は、当事者という立場から見れば責任実習を頑張ったという達成感があるでしょう。また、初めてだからうまくできなくても仕方ないという気持ちもあるかもしれません。保育士の先生方もかつては自分も責任実習を経験していますので、実習生の気持ちは理解しています。しかし立場上、実習生の責任実習を客観的に見ていますので、実習生の思いと異なった視点から厳しいことを言われることもあります。自分の考えや見方を絶対視せず、保育士の先輩としての経験上言える助言や相対的な意見を前向きに受け止めていく姿勢をもってください。それが保育士を目指す上で必要なことです。

お別れ会
（作っておいたプレゼントを子どもに渡す）

　実習の最終日に、実習生から手作りのプレゼントを子どもたちに手渡す姿がよく見られます。実習生からのプレゼントは、子どもにとってとてもうれしく特別なものとなります。しかし、実習中の忙しい時にプレゼントを作るのは、時間的にも身体的にも大変です。大きな負担にならないように、実習前から準備をしておいたり、手紙などで気持ちを伝えたりするなど、自分に合った方法を考えてみるとよいでしょう。また、プレゼントを渡してよいかの判断は園によって異なりますので、必ず確認をしてからにしてください。

千春が子どもたちに渡したプレゼント

・折り紙でメダルを折る。
・メダルの中心に丸型シールを貼る。
・シールに子どもの名前を書く。
・メダルにリボンを通して首から下げられるようにする。
・裏に「ありがとう　かんだちはる」と名前を書く。

大吾が子どもたちに渡した手紙と絵

- 手紙の文章
- 大吾がピアノを弾き子どもたちが歌っている絵

のんちゃんが子どもたちに渡したプレゼント

- のんちゃんの実習園は個人にプレゼントをしてはいけないという指導があったので、1歳児クラスに手作り玩具をプレゼントしました。
- 牛乳パックの積み木（数字バージョン、動物バージョン、果物バージョン）

感謝の気持ちを伝えましょう。

　プレゼントは必ず渡さなければならないものではありません。それを作ることに時間を費やしてしまい、実習生が本来すべき実習が満足にできていないようでは困ります。また、絵本や子どもたちの名前の刺繍をしたタオルなどを考える学生もいますが、必ずしもお金をかけたプレゼントが喜ばれるわけではありません。まずは実習をしっかりやり遂げてください。実習中にプレゼントを準備する余力がなかったら、実習後に子どもたちに向けた手紙などを送るだけでも十分気持ちは伝わります。

chap. 5

実習を終えて

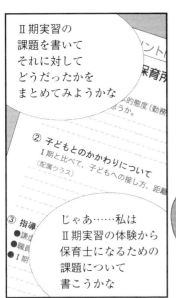

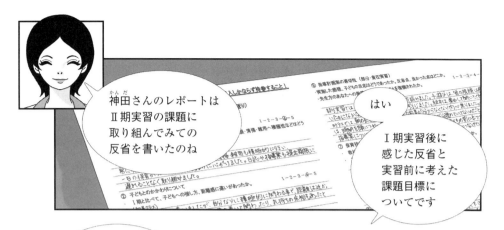

実習の学びとまとめ

　2回目の実習が終了したら、1回目の実習が終了した時と同様に、日誌を提出しお礼状を出してください（→第3章§1、p.100〜）。また、養成校で今回の実習の自己評価をし、実習園からの評価を伺います。その際、客観的な目をもって自己評価をし、実習園の評価を受け止める姿勢をもつことが大切です。（保育所以外の児童福祉施設等での保育実習Ⅰも履修済みの場合）2回目の保育所実習を終了すると、いよいよまとめです。今まで学んだことを振り返り、これから保育士になることを想定した具体的な自己課題を探究していきます。

自己課題を明確にしましょう。

　実習が終了してもゴールではありません。しっかりと実習を振り返ることが、保育士の専門性を高めていくことにつながります。実習園からの評価の善しあしはありますが、実習園は同じ保育士を目指している学生に対して、保育士の仲間として温かい目と厳しい目をもって評価してくれるはずです。養成校の教員からも、具体的な問題点を示してもらいます。また、養成校の仲間とのグループワークで意見の交換を行うことで、自分のできているところ、できていないことろが見えてくるはずです。これらの事後指導の中で自己課題の明確化をしていきましょう。

学びのまとめをします。

　実習の振り返りをする中で、自分の学びから興味をもったテーマを探し出しましょう。テーマを決めたら、2回の実習で学んできたことを、まとめます。学んだことだけを羅列するのではなく、必ず自分の思いや考えを整理して考察することが大事です。これから実習を行う後輩に発表ができるとさら

に自分の学びに自信がもてるでしょう。

□**テーマのヒント**

- ・保育士の仕事や役割の理解
- ・子どもとのかかわりや援助
- ・子ども理解
- ・保育技術
- ・保育所の役割の理解
- ・実習生としての姿勢

実習園と上手につきあいましょう。

　実習後も、空いている時間や休みの日を選び、実習園でボランティアをさせていただくとさらに学びが深まります。継続的に子どもにかかわることで理解できることや、子どもの発達を感じることがあるはずです。実習園の行事の際に声をかけていただくこともあります。できるだけ参加しておくとよいでしょう。保育士になった時に役立つことや、実習では気づかなかったことに気づくこともあります。ボランティアに行く場合は、養成校の教員に伝えるようにしましょう。また、実習園に就職したい場合は、実習後に求人の有無を伺いましょう。

実習園に就職してみて

　実習園に就職をしたい、という気持ちはⅠ期の実習を終えた頃からあり、二度の実習の間や実習終了後、ボランティアという形で実習園との関係を保っていました。

　実習園への就職のメリットは、就職活動中の見学よりも長い時間、その園を見られることにあると思います。園の方針はもちろん、職員個々人の保育の方法を知った上での選択が可能になります。

　実習園に就職して良かった、と思う点は人間関係です。短い実習期間ですが、その中で築いた人間関係は、就職後も有効に働いたと思います。

《専門学校卒男子　S. M.》

memo

付録

保育実技のアイデア

0歳児（対象は1名だが2～3名でも可）

①鳴き笛を使った手袋人形を使って子どもに音をキャッチさせる。

②いないいないばぁ～などで触れ合って遊ぶ。

③子どもが慣れてきたらホース落としの手作り玩具で遊ぶ。

岩鬼ポイント

乳児との遊びは声かけをしながら、しっかりと子どもの目を見て遊びましょう。ホース落としのホースは、口に入れても問題ないように、きれいに湯拭きしておきましょう。

2歳児（対象は5、6名から12名くらい）

◆スタンプで季節の工作

①手遊びで導入する
「あなたのおなまえは？」の
手遊びで導入してから
魚の型に切った画用紙を見せて
「これ何かな？」と子どもに聞く。
「お魚さんに模様をつけてね」と
スタンピングの話をする。

あ〜なたの
おなまえは？

ゆいちゃん
です

**②季節に応じた題材の用紙や
（例：あじさい　魚　きのこ等）
道具などを用意する**

タンポ
綿をガーゼで包む

※ペットボトルの
ふたやクッキーの
型なども使えるが
2歳児には
持ちやすい
タンポがおすすめ

スタンプ台
絵の具をスポンジに
含ませて作る

ポンポンって
押してね

ぬれ手拭きタオル

魚の型の画用紙

新聞紙
汚れ防止に古新聞を用意

③台紙に貼り、持って
帰れるように仕上げる

> **岩鬼ポイント**
> 使うものはすべて用意を
> 整えてから、始めましょ
> う。何をするのかをしっ
> かり伝えましょう。

付録

3歳児 （対象は5〜10名くらい）

①めがねを作って探検しよう

「先生ね　こ〜んなおもしろいめがね持っているんだ」と言って用意しておいためがねを見せる。子どもたちの声を聞きながら作ってみることを提案する。

②製作をしよう

フェルトペンで色を塗ったりいろいろな型のシールを貼り思い思いのオリジナルめがねを作るよう声をかける。
早く仕上がった子には頭の大きさに合わせてめがねにベルトをホチキスどめをしてかぶせるようにする。

ホチキスどめ　　　色セロファンを
針が刺さらないよう　貼っておく
逆にとめる

シール　　フェルトペン

画用紙
たんけんカード
めがね
スタンプ

③園内探検に出かけよう

一人ずつに「たんけんカード」を配りめがねとカードを身につけて園内探検へ。
あらかじめ旗を立てておいた
4か所にスタンプを用意しておく。
探検しながらスタンプをゲットしていく。

4歳児 （対象は20名くらい）

◆「おおきなかぶ」の劇ごっこ

① 「おおきなかぶ」の絵本を読みかぶを引き抜く劇ごっこの導入を行う。
「あまくな〜れ おおきくな〜れ」の掛け声をみんなでかけていく。
絵本を読み終えたら登場人物を確認する。

② おおきなかぶごっこをするので子どもたちに好きな登場人物を決め画用紙にその絵を描くように伝える。

③ 描けた子には割り箸を渡しテープでとめてペープサート人形に仕上げる。

5歳児（対象は20名くらい）

◆カードジャンケンゲーム

①グーグー チョキチョキ パーパーパーの手遊びをしてジャンケンのイメージを共有する。
ゆっくりしたテンポや超スピードなど変化をつけて楽しい雰囲気を盛り上げる。

②子どもたちと気持ちが合ってきたのを確認したら次にカードジャンケンゲームをすることを伝えます。

カード
サイズ：7cm × 7cm
人数分×3枚用意

色彩道具
使いやすい道具を準備

付録

③自分の3枚の絵カードを手に持ち
ジャンケンをする。
勝った子は負けた子からカードを1枚もらい
またジャンケンを続ける。
3枚無くなった子はいすに座る。

座っている子が半数位になったら
1ゲームの終わりの合図をする。

ホイッスル
ゲームを盛り上げるため
ホイッスルでスタートや
ゲーム終了を告げる。

④トーナメントなど工夫して
3ゲームくらい
繰り返し楽しむ。

岩鬼ポイント

カードの大きさは、子どもが手に持って邪魔にならない大きさにします。
1回のゲーム時間をあまり長くすると、負けた子が飽きてしまいます。
ゲームは短めに、何度か繰り返すと良いですね。

⑤最後にカードの枚数を確認し合ったり
分けあったりして楽しくゲームを終了する。

【著者紹介】
岩﨑淳子（原案）
　　聖徳大学短期大学部　准教授

内田由紀（装丁・マンガ）
　　イラストレーター
　　筑波研究学園専門学校非常勤講師
　　日本イラストレーター協会会員

千春と大吾の
保育実習ストーリー

装丁・マンガ　　内田由紀
DTP制作　　　　㈱ルヒア

2015年12月15日初版第一刷発行

©2015 Junko Iwasaki, Yuki Uchida
Printed in Japan
〈検印省略〉
ISBN 978-4-89347-222-9　C3037

著　　者　　岩﨑淳子・内田由紀
発 行 者　　服部直人
発 行 所　　㈱萌文書林
〒113-0021　東京都文京区本駒込6-25-6
Tel：03-3943-0576　Fax：03-3943-0567
E-mail：info@houbun.com
ホームページ：http://www.houbun.com

日本音楽著作権協会（出）許諾第1512384-501号
印刷・製本　　シナノ印刷株式会社

○定価はカバーに表示されています。
○落丁・乱丁はお取り替えいたします。
○本書の内容の一部または全部を無断で複写（コピー）することは、法律で認められた
　場合を除き、著作権者及び出版社の権利の侵害になります。
○本書からの複写をご希望の際は、予め小社宛に許諾をお求めください。